龙泉青瓷文化概论

An Introduction to Longquan Celadon Culture

周晓峰

著

浙江大学出版社

ZHEJIANG UNIVERSITY PRESS

·杭州

图书在版编目（CIP）数据

龙泉青瓷文化概论 / 周晓峰著. -- 杭州 ：浙江大
学出版社，2024.10
ISBN 978-7-308-21506-0

Ⅰ．①龙… Ⅱ．①周… Ⅲ．①龙泉窑－青瓷(考古)－
文化研究－中国 Ⅳ．①K876.34

中国版本图书馆CIP数据核字(2021)第122399号

龙泉青瓷文化概论

LONGQUAN QINGCI WENHUA GAILUN

周晓峰　著

责任编辑　陈丽勋　朱　辉

责任校对　徐　霞

封面设计　春天书装

出版发行　浙江大学出版社
　　　　　（杭州市天目山路148号　邮政编码310007）
　　　　　（网址：http://www.zjupress.com）

排　　版　杭州林智广告有限公司

印　　刷　浙江新华印刷技术有限公司

开　　本　787mm×1092mm　1/16

印　　张　13.75

字　　数　263千

版 印 次　2024年10月第1版　2024年10月第1次印刷

书　　号　ISBN 978-7-308-21506-0

定　　价　69.00元

序

　　中华文明源远流长。中国陶瓷具有长达万年的延绵不断的历史。考古学家对江西万年仙人洞遗址出土陶片的最新碳 –14 测年结果显示，其最早的年代为距今 19000～20000 年。这是目前国内考古发现年代最早的陶器。陶器的发明是人类在认识和利用火的基础上，首次利用化学反应的科学规律实现从一种物质到另一种物质的质的转变。

　　大致在夏、商时期，我国古代先民在陶器生产的基础上，发现了比制陶材料黏土更具优势的瓷土，并利用高温技术，生产出了比陶器外观和性能更佳的硬纹印陶和"原始瓷"。原始瓷的出现，是我国古代先民的重大创造，相比陶器有着无可比拟的优点和发展前景，为我国瓷器的进一步发展奠定了基础。

　　之后又经过 1000 多年的发展，至东汉中晚期完成了由原始瓷向成熟瓷器的转变。浙江绍兴上虞小仙坛窑址发现的东汉中晚期青瓷标本，已符合瓷器标准的所有指标。而中国（China）最早被世人认识的就是瓷器

（china）这种当时的高科技物质产品。以成熟青瓷的出现为时间节点，中国的瓷器创造要先于朝鲜半岛达 800 多年，比日本和欧洲至少早 1600 多年。瓷器不仅深刻地改变了古人的社会生活、行为模式，瓷器更是当今世界不可或缺的重要材料，其不仅是最普遍的日常用品，也是航空、航天等工业与高科技领域的重要物资，中国陶瓷的工艺发展过程蕴含着十分丰富的科学技术和艺术内涵，为人类文明发展作出了巨大贡献。

最早出现的瓷器就是青瓷，人们把它称为"母瓷"。地处浙西南的龙泉自古以生产龙泉青瓷闻名于世，龙泉窑的青瓷生产将中国的青瓷发展推向了巅峰。千年龙泉窑，历史悠久，技艺震撼，文化磅礴，是中国瓷业历史的"纲"，在很长的一段历史时期引领着中国瓷器的发展，并影响着东西方的文化审美和世界陶瓷文明的进步。1957 年，周恩来总理提出要尽快恢复祖国历史名窑，首先要恢复龙泉窑和汝窑生产的指示，于是龙泉青瓷传统手工业在各级政府和手工艺人的努力下，历经数十年的传承发展，由濒危再次走向中兴。2009 年 9 月 30 日，龙泉青瓷传统烧制技艺被联合国教科文组织列入人类非物质文化遗产代表作名录，成为目前人类非物质文化遗产名录中首个瓷器类项目。龙泉青瓷不仅是中华文化的代表性符号，也是世界陶瓷文明的象征。在世界的广泛认同下，在历史赋予的使命中，传承与弘扬古代青瓷成为中国社会的文化自觉和文化担当。青瓷文化在保护人类非物质文化遗产的视野下被人类重新认识。具有"人类非遗"国际文化身份的龙泉青瓷，在人类非物质文化遗产保护背景和"一带一路"倡议下，又引领中国青瓷产业踏上新征程，全国各大青瓷窑系开始复苏和振兴。在"非遗"传承实践再发展的态势下，中国青瓷逐渐回归世界陶瓷的舞台中央。随着人们对于传统文化回归的重视，无论是作为传承主体的青瓷技艺传承人和民间艺人，还是作为保护主体的政府，抑或是社会各界，都融入非遗保护和高质量发展中去。一些大专院校、职业学校开设了陶艺专业，把青瓷艺术作为专业方向进行人才培养，并促进学科建设和发展。一些中小学把陶瓷列入传统文化教育课程或开设青瓷手工特色课堂，把它作为美育和爱国主义教育的重要手段。但目前适用于高校教育、职业教育和中小学美育教育的有关龙泉青瓷文化知识、理论的专业教材还很缺乏，不能满足学科建设、专业教学、传统文化教育和美育教育的需求。周晓峰教授的这本《龙泉青瓷文化概论》适应时代的需求，从人类学、文物学、工艺学、材料学、设计学、非物质文化遗产学等角度，从龙泉青瓷的基本概念、历史脉络、技艺特征、美学内涵、传承发展等维度较全面地论述龙泉青瓷文化的基本要素，弥补产业发展中龙泉青瓷文化研究的短板和填补特色教育中龙泉青瓷文化教材领域的空白。这本书不仅能为相关大专院校、职业学校和中小学提供一部专业教材，也可作为青瓷行业从业人员的良师益友。

"龙泉青瓷文化"概念，是指构成龙泉青瓷存在的内部与外部诸要素的总和，以及各要素之间相互作用而形成的一种互动关系，是具有区域特征的青瓷本体与自然环境、生产方式、社会组织、价值观念、民间信仰和习俗等构成的一种联动的综合体。它包括龙泉青瓷历史积淀下来的静态物质性的古代遗存，延绵在活态传承中的民间传人及其代代传承的技艺，与生产息息相关的自然生态和资源条件，与青瓷传承发展相关的社会组织、生产制度、价值观、信仰和习俗，以及在产品贸易交流中产生的影响等。

正所谓，瓷本道。龙泉青瓷文化博大精深，其传统技艺、审美思想和文化蕴含着取之不尽的技艺储藏、用之不竭的思想源泉、守之不弃的工艺品格、持之不移的尚玉精神。守望传统、敬重经典，融合文化、教化未来，是当下青瓷传承发展中的必然要求，《龙泉青瓷文化概论》有望承担起这一重任。

沈岳明

2024 年 9 月

目 录
CONTENTS

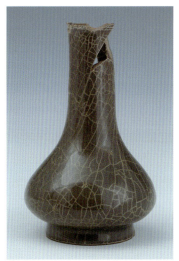

图 1-13　哥窑悬胆瓶·南宋·　　图 1-14　龙泉窑凤纹玉壶春瓶·　　图 1-15　青瓷点彩双系盘口壶·
　　　　龙泉青瓷博物馆藏　　　　　　　元代·龙泉青瓷博物馆藏　　　　　东晋·金华市博物馆藏

　　东亚的高丽国大约在 9 世纪末和 10 世纪初开始从中国学习制造瓷器，并在 11 世纪走向鼎盛。这一时期的高丽青瓷大都仿效中国唐宋瓷器，其纹样及造型忠实地沿袭了越窑、定窑、耀州窑，以及汝窑、龙泉窑的风格[1]，在 12 世纪中后期逐渐演变成具有高丽民族特征的象嵌青瓷。

　　欧洲马可·波罗于元初来到中国，拉开了西方探索中国瓷器的序幕。16 世纪中叶，意大利美第奇家族的法兰西斯科首先在意大利佛罗伦萨建窑烧制瓷器而以失败告终。后来荷兰、法国、德国、英国都进行过仿制尝试，直到德国的蒂伯格尔于 1709 年在迈森宣布烧制成功，标志着西方真正步入了瓷器时代。

　　我国的瓷器制造先于东亚 800 多年，比欧洲至少早 1600 多年。在英文里，"中国"与"瓷器"都用"China"（"china"）这同一个词来表达，这是中西经贸文化交流历史的一个写照。[2] 我国瓷器工艺技术发明创造为推动世界陶瓷产业的发展作出了巨大贡献。

二、陶瓷基本概念

　　所谓陶瓷，就是以陶土和瓷土这两种不同性质的黏土为原料，加上各种天然矿物

1　王芬 . 高丽青瓷与中国青瓷 [J]. 中国陶瓷，2017（1）：74.
2　梁志坚 . "China"一词的由来 [J]. 中国科技术语，2008（2）：45.

质进行配料、炼制、成型、装饰、干燥、焙烧等工艺流程，在窑炉中一定的高温状态下烧制而成的制品。陶瓷属于工艺美术范畴，它是横跨自然科学和社会科学的一门学问，具有实用性、工艺性、艺术性和科学性相融合的特征，并承载着相应区域民族文化的丰富内涵。所谓实用性，就是对人类生存和生活的适应性；所谓工艺性，是指工艺制作过程中精益求精的技术规范要求和技术水平体现；所谓艺术性，是指适应人类精神上的审美需求的表现；所谓科学性，是为了满足人类对于实用和审美的需求对陶瓷物理性能和化学性能的不断研究和创新的演进。

什么是陶？陶是指以陶土（普通黏土）为原料，一般经800～1000℃的炉温焙烧而成的产物，表面一般不施釉或施低温釉，质地较为粗糙，具有不透明性和吸水性强的特点。因原料、工艺条件、历史风尚、地域文化习俗等不同，历史上陶的种类非常丰富。按陶色分类，有红陶、灰陶、黑陶、白陶、彩陶、红褐陶、灰褐陶、灰黄陶、灰黑陶等；按陶质分类，有泥质陶和夹砂陶两大类；从考古学角度，又可以分为不同的文化类型，如彩陶文化、黑陶文化等。（图1-16、图1-17）

图1-16　德清窑夹砂陶带流平底盉·新石器时代·德清博物馆藏　　图1-17　黑陶罐·新石器时代·德清下高桥遗址出土·德清博物馆藏

什么是瓷？瓷是指以瓷土（瓷石、高岭土、石英石、莫来石等）为主要原料，经过配料、炼制、制坯、装饰、施釉、干燥，经1200～1400℃的窑温，在还原气氛中烧成的制品。瓷器的特点是胎体呈白色或灰白色(也有黑胎、朱砂胎)，胎体致密而坚硬；胎釉结合紧密，釉层不易剥落，吸水率很低；釉面光洁，敲击有清脆声。瓷器按用途分为日用瓷、陈设瓷、艺术瓷等。瓷器是东方文化的代表元素之一，文化内涵丰富，制作技艺高超，风格面貌异彩纷呈。从工艺特点的整体性来看，可大致分为单色釉瓷和彩绘瓷两大类；以地域文化特征为视角，有越窑、汝窑、龙泉窑、景德镇窑、磁州窑、定窑、耀州窑、瓯窑、婺州窑、吉州窑、建窑、德化窑等诸多窑系；从使用功能来看，可分为艺术瓷、日用瓷、建筑用瓷等种类；从工艺材料的强度性能来看，还可分为硬质瓷、软质瓷和特殊用瓷等。

　　单色釉瓷是指瓷器表面只施一种釉，呈现一种釉色，在釉上或釉下都不作彩绘装饰的瓷器，俗称"一道釉"。单色釉瓷又包括素瓷和色釉瓷。素瓷主要是指青瓷、黑瓷、白瓷、青白瓷等，色彩单一而且色调比较素雅、宁静。这类瓷器都是在还原气氛中烧成的，其中氧化铁的多和少起决定性的作用，青釉系列都是以氧化铁为着色剂，在还原气氛中烧成后呈现青色；黑釉就是在釉中增加铁的含量；而白釉则把铁降到最低，烧成后釉呈透明状，呈现出白胎的颜色。色釉瓷以铜、铁、钴、铬、锰等的化合物为着色剂，在氧化气氛中烧制而成。色釉瓷包括红釉、酱釉、蓝釉、绿釉、紫釉、棕釉、黄釉等。单色釉都是以釉取胜的，铜及铜化合物主要是制红釉，铁化合物制青釉，钴化合物制蓝釉，铬化合物制绿釉，锰化合物制棕釉。同一釉系里因着色剂元素含量的不同以及烧成温度的不同，而呈现不同的色阶和色相，千变万化。

　　彩绘瓷是指在瓷器的釉上或者釉下进行彩料纹样绘制装饰，通过一次或多次烧制而成的瓷器。专家考古发现，彩绘瓷的起源可追溯到南朝时期的邛窑瓷器。在元代景德镇窑青花瓷得到迅猛发展，明清时期景德镇窑创造出多种类型的彩绘瓷，成为时代审美主流。彩绘瓷分为釉上彩、釉下彩和釉中彩，从装饰工艺形式归总，有青花、五彩、新彩、斗彩、粉彩、古铜彩、金彩、珐琅彩等，装饰艺术形式丰富而多元。（图 1–18 ～图 1–21 ）

图 1–18　景德镇窑釉里红暗八仙缠枝莲纹瓶·清代乾隆·景德镇中国陶瓷博物馆藏

图 1–19　景德镇窑青花缠枝牡丹纹梅瓶·元代·景德镇中国陶瓷博物馆藏

　　从民俗学的角度来看，在中国，青色有特殊的含义和民俗习惯认同。第一种，以青色代指黑色，如"青青子衿"指的是古代黑色的汉族传统服饰；唐诗"金乌长飞玉兔走，青鬓长青古无有""君不见高堂明镜悲白发，朝如青丝暮成雪"等句中的"青鬓""青丝"也是比喻黑发。第二种，把青色认同为靛青色，如荀子《劝学》中写道："青，取之于蓝，而青于蓝。"靛青相当于深蓝色。第三种，把青色比作嫩绿色，如《释名·释采帛》中云："青，生也，象物生时色也。"这里的"青"指的是青草的颜色和处于成长期的作物所呈现的嫩绿色。青色，从审美体验上来说，具有清脆而不张扬，伶俐而不圆滑，素雅而不单调的品格。青色在我国古代社会中具有特殊意义，它象征着坚强、希望、古朴和庄重。

　　从化学的角度来分析，烧造瓷器是土与火的艺术，通过原料配制、工艺制作和高温烧制等环节把一种物质变为另一种物质的过程，其中要受到原材料的差异性、窑炉中不同位置的温度差异性和烧成气氛的稳定性等因素影响。即使是同一种青瓷原料烧成后也会产生意想不到的一些变化，出现粉青、梅子青、天青、翠青、灰青、艾青、豆青、蛋壳青等青色系列，丰富了青色谱系。唐代陆龟蒙在《秘色越器》中写道："九秋风露越窑开，夺得千峰翠色来。""千峰翠色"是青釉颜色丰富多变的形象写照。

二、龙泉青瓷

图1-22　龙泉窑盘口瓶·南宋·龙泉青瓷
　　　　博物馆藏

　　龙泉青瓷因其主产地在龙泉而得名，属单色釉类瓷器中的素瓷，为著名的龙泉窑（包括哥窑）生产的产品的总称。它采用当地瓷土、紫金土、石英、石灰石、草木灰等原料配制而成，在还原状态下经1230～1310℃烧制而成，由于釉中所含氧化铁的含量不同、烧成温度和烧成气氛不同而烧制出丰富的青釉色产品。其产品有"哥窑"青瓷和"弟窑"青瓷两大类，釉色以粉青、梅子青为主要特色。（图1-22、图1-23）

　　哥窑类龙泉青瓷产品特征：黑胎开片，薄胎厚釉，紫口铁足，釉层饱满莹洁，釉色深浅不一。哥窑产品制作非常讲究，器型多为仿青铜器、金银器等造型，多为礼器，层级较高，基本为官用和贡用器物。哥窑青瓷以瑰丽、古朴的裂纹装饰和浮雕装饰为手法，利用胎釉膨胀系数不同而形成自然开裂纹片，术语称"开片"或"断纹"[1]。线条有银白色的银线、橙黄色的金线和黑色的铁线，形成变化莫测的装饰效果，如有冰裂纹、蟮血纹、蟹爪纹、鱼子纹、牛毛纹等象形开片。经过二次处理的纹样，还会产生"金丝铁线""金丝银线"等装饰效果。胎中紫金土含量高，烧成后呈黑色、灰黑、深灰、土褐色等。釉色有天青、粉青、灰青、米黄等。整体风格显得瑰丽古朴、端庄典雅。（图1-24）

图1-23 龙泉窑青釉莲瓣纹带盖瓷罐·北宋·龙泉青瓷博物馆藏

图1-24 龙泉窑哥窑盏·南宋·龙泉青瓷博物馆藏

弟窑类龙泉青瓷产品特征：白胎或朱砂胎，釉面不开片，釉色青碧，光泽柔和，晶莹滋润，如翠似玉。人们习惯把龙泉地区的这类产品称"弟窑"或"龙泉窑"产品。弟窑的产品类型较多，有薄胎薄釉、薄胎厚釉、厚胎厚釉、厚胎薄釉等类型，有素面型和纹样装饰型，还有官用型和民用型等不同类型特征，各时期因工艺手法和审美的演变又具有不同的风格类型。弟窑产品制作精细，坯胎除白胎、朱砂胎，还有灰胎、灰白胎，胎泥经粉碎，淘洗得非常细腻。弟窑青瓷釉色丰富，五代至北宋早期有淡青釉和艾青釉色；南宋时期创造出粉青、梅子青釉色，形成两大釉色系列，被行内外公认为顶级青瓷釉色。明代龙泉青瓷釉色以豆青为主要特征。同时还出现灰

---

1 徐渊若.哥窑与弟窑[M].杭州：龙吟书屋，1945：36.

图 1-25 龙泉窑鼓钉炉·元代·龙泉青瓷博物馆藏

青、翠青、天青、茶叶末、月白、米黄、酱色等釉色。弟窑的装饰几乎包含了青瓷窑系的所有装饰技艺，形成划花、刻花、粘贴、捏塑、镂空、露胎、浮雕、点彩等多种表现形式，其中以"半刀泥"的刻花技法尤具特色，艺术效果魅力四溢。弟窑青瓷塑造出造型简练、线条流畅、温润如玉、清新雅致、冰清玉洁、一尘不染的艺术风格，备受世人喜爱。（图 1-25）

第三节 🐑 龙泉窑及其文化价值

一、龙泉窑

龙泉窑是中国陶瓷史上杰出的青瓷窑系。它以龙泉为主要产区，以龙泉南区的大窑、金村、溪口等地为核心，其范围包括龙泉周边的瓯江水系的大部分县域及闽江流域的部分县域等 10 多个县域，以生产白胎青釉瓷器和黑胎开片青釉瓷器，以素面及刻划花为主要装饰手法特征的青瓷系列窑址群。第三次全国文物普查资料显示，龙泉窑系发现窑址达 600 多处，分布于丽水市的龙泉、庆元、云和、莲都、青田、松阳、遂昌、缙云，金华市的武义（原宣平县），温州市的永嘉、泰顺、文成，福建省的松溪、浦城，江西省的广丰县等地，其中龙泉境内有近 400 处古窑址。

龙泉青瓷可能始于公元 3 世纪，南朝至唐、五代时期已有一定生产规模，以淡青釉产品为特色，可视为龙泉窑的初创期或早期。龙泉窑真正意义上的崛起大约在北宋中晚期，后来渐渐居上，在南宋中晚期达到历史巅峰，成为极具代表性的青瓷名窑；在元代至明早期进一步扩大规模，影响海内外。有文献记载，"瓯江两岸，瓷窑林立，烟火相望，江上运瓷船舶往来如织"，可见历史上龙泉窑的兴旺景象。宋、元、明时期，龙泉窑青瓷的外销量是我国瓷器中最大的，成为当时我国对外贸易和文化交流的主流产品，参与了"海上丝绸之路"的开拓。南宋赵汝适《诸蕃志》和元代汪大渊《岛夷志略》对此多有记载，各番国"番商兴贩"几乎都有瓷器（瓯器、磁器、处州磁器）。龙泉青瓷通过阿拉伯商人流传到欧洲，在欧洲被称为"雪拉同"（celadon），至今仍流传着美丽动人的故事。当代丰富的海内外水下考古资料和世界各大博物馆的收藏陈列都证明，龙泉青瓷自宋代以来远销亚、非、欧等50多个国家和地区。自宋以来，在相当长的一段陶瓷文明进程中，龙泉青瓷扮演着重要的角色，龙泉窑所开创的"哥窑""弟窑"青瓷以鬼斧神工的传统技艺、如翠似玉的精美釉色、端庄典雅的经典造型影响着东西方人的生活方式和审美取向，在世界商贸交流和文化交流史中对人类产生了至深的感召力。五代烧制的淡青釉瓷，北宋的大写意刻花青瓷，南宋的粉青、梅子青"弟窑"青瓷和紫口铁足的"哥窑"青瓷，元代烧制的多样装饰手法的大件青瓷和外销瓷，明代烧制的官样青瓷，融南北瓷业技术和瓷窑文化于一体，在官窑和民窑的不同文化层的相互碰撞中，博采众长，集青瓷技艺之大成[1]，最后超越其他青瓷窑系，在南宋之际把青瓷烧制技艺推上历史巅峰。龙泉青瓷传统烧制技艺代代相传，明以后又经历清代的艰难维系状况和民国的复苏迹象，新中国成立以后得以传承弘扬并在当代发展振兴，至今仍然保持着旺盛的、顽强的生命力，成为中国陶瓷史上的一棵常青树。

二、龙泉窑的价值影响

龙泉窑在中国陶瓷史上举足轻重，在世界陶瓷文明史上具有卓越的影响力，其文化之博、分布之广、规模之大、产量之丰、技艺之精、质量之好、影响之远，备受世人青睐。龙泉的大窑龙泉窑遗址保护区和安福窑址保护区被列入国家级保护单位，大窑龙泉窑遗址公园被评为国家级考古遗址公园，大窑、金村遗址被列入我国申报世界文化遗产（"浙江青瓷窑址""海上丝绸之路"遗产点）预备项目。2009年，龙泉青瓷传统烧制技艺被联合国教科文组织列入人类非物质文化遗产代表作名录，得到世界的广泛认同。

古代的龙泉窑址基本已成为废墟，经考古和调查发现，大部分的窑址窑基、作坊、车间、矿场等结构关系和地层关系都比较完整，周边的生态环境和古村、古道、古码头、古埠头、制瓷习俗、文化空间等相关要素依然存在，一个较为完整的古代制瓷产业

---

1 李刚.龙泉窑研究[M].北京：故宫出版社，2009.

体系清晰可见。龙泉窑横跨唐、宋、元、明、清等五个朝代经久不衰，延续至当代，其传承发展的历史脉络清晰完整，是中国制瓷史上的一个奇迹和真实的样本。（图1-26）

图1-26 大窑龙泉窑枫洞岩窑址·龙泉市博物馆提供

历史上龙泉青瓷参与了"海上丝绸之路"的开拓，其产品自宋代以来就大量出口，在明代曾随"郑和下西洋"等源源不断地销售到海外，留下了许多海外传奇，世界各大博物馆都以收藏龙泉青瓷为荣，海外一些国家的权贵把它作为身份地位的象征。在"海上丝绸之路"沿线的海内外水下考古和沿海遗址考古发现的文物中，龙泉青瓷数量规模几乎都是最大的。龙泉青瓷成为我国政治外交和文化交流的重要载体，也是对外商贸活动的主流商品。（图1-27、图1-28）

图1-27 龙泉窑豆青扁壶·明代·
土耳其托普卡比宫藏

图1-28 龙泉窑豆青执壶·明代·
土耳其托普卡比宫藏

龙泉窑是中国青瓷发展史上的最后一座高峰，是青瓷技艺的集大成者，其在发展过程中形成青釉配制、多次施釉、厚釉烧成、开片控制、"半刀泥"刻花等独特的技艺。其精湛的技艺和温润如玉的釉色赢得宫廷和官方的认可，官方把龙泉作为御用、贡用、外销瓷的生产地。龙泉窑生产技艺传播到东亚和东南亚的许多国家，对其他国家瓷业的发展产生了深远的影响。龙泉青瓷传统烧制技艺代代相传，延续至今，为人类非物质文化遗产保护传承提供了一个真实的活态样本，树立了典范。具有"人类非遗"身份的龙泉青瓷，不仅是中国文化的代表性符号，而且也是世界陶瓷文明的杰出代表。

因此，龙泉窑的历史价值、文化价值、科学价值和研究价值不言而喻。

第二章

龙泉青瓷的发展脉络

第一节 ✑ 青意萌动的早期龙泉青瓷（3—9世纪）

一、唐以前瓯江上游地区出土青瓷的特点

龙泉位于瓯江上游，地处浙西南偏隅，与闽、赣相接，远离海域与平原，境内重峦叠嶂、襟带众流，坐拥江浙第一高峰，具有典型的山地特征，有"九山半水半分田"之称，这样的地理区位环境导致龙泉地区人口、经济、社会发展在历史上一直处于较缓的状态。虽然在龙泉城区东北角牛门岗发现了新石器时代的遗存，证明此地早在距今5000～6000年已有人类活动，但是相较于宁波、绍兴、台州、温州所谓"滨海之民"抑或杭州、嘉兴、湖州所谓"泽国之民"[1]，龙泉在很长一段时间里处于发展的第二梯队，早期瓷业发展历程就是一个缩影。

浙江是我国古代青瓷的发源地和重要产区之一。早在商周时期，德清地区已经有相当规模的窑业，生产诸如编钟、镈于、句鑃、鼓座、缶等高等级礼乐器；在今绍兴，金华义乌，衢州，湖州德清、长兴，宁波等地出土了类似的原始瓷。发展至春秋时期，在今绍兴、杭州萧山等地发现了多处烧制原始青瓷和印纹硬陶的窑场。至汉代，绍兴上虞、宁波、温州永嘉等地在长期制作原始青瓷的基础上，终于烧制出成熟青瓷。进入六朝，瓷业蓬勃发展，越窑形成了庞大的瓷窑体系，此外位于浙江中南部的婺州窑和瓯江下游的瓯窑也有了长足的发展。在周边窑业的影响下，龙泉所在的瓯江上游流

1　王士性撰，吕景琳点校.广志绎 [G] // 元明史料笔记丛刊（卷二）.北京：中华书局，1981：2.

图 2-1　丽水吕步坑窑址·南朝至晚唐

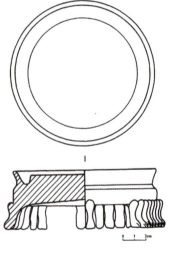

图 2-2　龙泉窑多足砚剖面·唐·
吕步坑窑址

域才逐渐出现瓷业的萌芽。

1957 年 7 月至 8 月间，浙江省文物管理委员会对丽水吕步坑窑址（图 2-1）进行了首次考古发掘，发现不同时期的两座长条形窑床，在所开探方（编号 T3）发现较为明显的三个文化层。下层所出的青釉瓷器器型有折腹碗、盘口壶、钵、灯、圆形多足砚等，釉不及底，釉色较为深暗且不匀，有流釉、斑状凝釉等现象，造型与施釉特点和钱塘江南岸一带六朝窑址、浙南温州等地六朝墓葬出土的器物有相近的风格。圆形多足砚为六朝晚期产品，器底文字的字体，亦是带有隶体的楷书，由此发掘队推断吕步坑窑址下层产品的烧造年代可能早到六朝晚期。[1] 吕步坑窑址也一跃成为丽水地区目前已发现的时代最早的青瓷窑业遗存。

2000 年，浙江省文物考古研究所联合丽水市博物馆和云和、松阳、庆元、龙泉等县市博物馆对吕步坑窑址进行了再次发掘。此次发掘系统深入，根据遗物类型亦分为三期，窑址延续时代为六朝晚期至唐代晚期。[2]

一期的烧造年代可追溯至六朝时期至初唐。该时期的产品以折腹碗为典型，碗的底部为平底，胎体厚重而釉层较薄。除碗之外，还可见到瓷盅、多足砚（图 2-2）、盘口壶、灯盏等器物造型。产品的烧制技术为明火叠烧法，未使用匣钵，而是采用垫饼加泥点的方式进行间隔烧制，碗底常见有 3 ~ 4 个泥点支烧痕。这一期吕步坑的产品与江山唐高宗上元三年（676 年）的墓葬中出土的碗、砚、盘口壶等有相似之处，反映了当时一定的工艺水平。

1　浙江省文物管理委员会 . 丽水青瓷调查发掘记 [C]// 浙江省文物考古研究所 . 浙江省文物考古研究所学刊 . 杭州：杭州出版社，2005：509-512.
2　浙江省文物考古研究所，丽水市文化局 . 浙江省丽水县吕步坑窑址发掘简报 [C]// 浙江省文物考古研究所 . 浙江省文物考古研究所学刊 . 杭州：杭州出版社，2005：538-558.

二期的烧造年代大致为盛唐至中唐。这一时期的产品线在继承了折腹碗、瓷盅、瓷砚、盘口壶、灯盏等传统器型的基础上，又增添了撇口折腹碗、撇口弧腹碗、钵、盘、罐、执壶等新样式。其中，折腹假圈足碗成为这一时期的主流产品，同时也有少量圈足碗和玉璧形底碗的出现。烧制技术依旧采用明火叠烧方法，碗底可见 4～6 个支烧痕。釉色方面，主要有青釉和酱釉两种，反映了该窑址在唐代制瓷工艺方面有了多样性的发展。

三期的烧造年代在唐朝的中晚期。这一阶段烧制的产品不见折腹碗，烧造的工艺也发生了改变，平底方式消失，出现了撇口或敞口的斜腹造型，碗底部出现假圈足的工艺方式，碗的内外底部常留有 5～8 个椭圆形的支痕。此时，生产技术也有所提高，能生产大型青瓷产品，如盆、缸等，该类产品占据了主导地位；这些产品的胎质相对较为粗糙。在装烧技术方面，除了采用明火叠烧的方法外，开始利用匣钵，常见的有大小件器物对口套烧的工艺。

由此可知，自六朝晚期至唐代晚期，吕步坑窑址作为一个有一定规模的手工业作坊经历了自身逐步发展和衰落的过程。虽然和同时期的越窑、婺州窑、瓯窑相比，其瓷业发展较晚，产品质量也差一些，但它从侧面昭示了瓯江中上游流域瓷业萌芽时期的面貌，对研究瓯江流域青瓷发展史具有重要意义。

除了窑址考古发掘外，六朝时期青瓷器也见于丽水本地区墓葬中。龙泉青瓷博物馆藏有一组南朝刘宋永初元年（420 年）纪年墓出土的青釉瓷器，时代特征与吕步坑下层产品相类似，但釉质更为成熟。（图 2-3～图 2-5）其中，莲瓣纹小瓷碗外壁饰莲瓣纹，假圈足，底内凹，足底有 7 个泥点支烧痕，釉色青绿，灰白胎；鸡首壶盘口，细颈，圆肩，肩附两个对称的桥形系，并在另侧饰有鸡首形流和兽形执柄，平底微内凹，釉色青绿，灰白胎。这两件青瓷器的造型、纹饰、釉质，与同时期越窑青瓷非常接近，

图 2-3　龙泉窑青瓷碗·南朝·龙泉青瓷博物馆藏　　　图 2-4　龙泉窑青釉莲瓣纹小瓷碗·南朝·龙泉青瓷博物馆藏

图 2-5　龙泉窑鸡首壶·南朝·龙泉青瓷博物馆藏

因出土于墓葬而非窑业遗存，故难以判断其是否为本地所造或商贸流货，但这组纪年器至少带领我们从一个侧面窥探到六朝时期龙泉本地使用青瓷器的大约样貌。

二、龙泉窑的始烧时间推测

20 世纪 30 年代，我国陶瓷考古先驱陈万里先生根据他对龙泉窑址多年的实地调查情况，提出了先于"哥窑"和"弟窑"的"早期之龙泉青器"的概念。他认为："就章氏兄弟所出品者言，其制作，其釉色，必非一蹴可几，其由于层积多数人之经验造作以迄章氏兄弟之成功也无疑。……而前乎章氏兄弟经由多数人所经验造作之制品，此即所谓早期之龙泉青器，意者必能在龙泉以证明之。"[1]

陈万里先生所指的"早期之龙泉青器"，其实就是指龙泉窑在宋代全面兴盛之前的制瓷技术积累历程的初期阶段。关于龙泉窑的始烧年代，目前学术界持有三种观点。

三国两晋说。以朱伯谦先生为代表的一些专家持龙泉窑创烧于三国两晋时期的观点。在提出这种观点前，他在认识上也经历了一个龙泉窑创烧于北宋—南北朝—三国两晋的推断过程。朱伯谦在论述中说："龙泉窑开创于三国两晋，结束于清代，生产瓷器的历史长达 1600 年，是中国制瓷历史最长的一个瓷窑。关于龙泉窑的开创年代，原来定为宋代。自 1959 年在丽水市（今莲都区）城关镇西南 2.5 公里处的吕步坑发现南北朝至唐代的青瓷窑址后，把龙泉窑的开创时期提早到南北朝。20 世纪 70 年代以来，在丽水、松阳、遂昌等开发比较早的县市的六朝墓中，出土一批另有特色的青瓷，应当是龙泉窑早期的产品，所以将龙泉窑的开创年代定为三国两晋。"[2]

五代说。古陶瓷专家陈万里先生和古陶瓷美术教育家邓白先生[3]均持此观点。此

1　陈万里. 第二次调查龙泉青瓷所得之观感 [M]// 陈万里. 陈万里陶瓷考古文集. 北京：紫禁城出版社，1997：53.

2　朱伯谦. 龙泉窑青瓷 [M]. 台北：艺术家出版社，1998：6.

3　邓白. 邓白全集：1 陶瓷 [M]. 杭州：中国美术学院出版社，2003.

外，1966年浙江省轻工业厅等编写出版的《龙泉青瓷》一书也明确地提出了龙泉窑起源于五代："五代时期，吴越地区制瓷窑场兴盛，青瓷生产的历史进入了一个新的阶段。龙泉窑就是在这时新兴起来的……五代龙泉窑主要是继承越窑的传统发展起来的，少数窑场还受到瓯窑的影响。继承越窑传统的龙泉窑青瓷，产地分布在大窑、金村、王湖、安福和丽水石牛等地，目前已发现窑址20多处。器物特点是：胎骨较薄，底足高而规矩；器身上都有用竹篾刻划成的各种花纹，线条粗放，构图简洁，常见的题材有团形花朵、重瓣覆莲和缠枝花卉等……受瓯窑影响的龙泉窑，窑址只在金村西南发现三座，其器物特征是：釉层薄，釉色淡，釉面光泽很强，透明度高。"[1]

北宋说。任世龙先生在《龙泉青瓷的类型与分期试论》一文中指出："古处州辖属地域内之有手工制瓷业，确实具有相当久长的历史。"文中提到的吕步坑窑址烧造时间为六朝晚期至晚唐，在庆元县黄坛村口也发现了晚唐窑址。"在清理龙泉城郊太平兴国二年金沙塔塔基时，又出土了与黄坛村窑相似的粗质碗一种。尽管这些发现与我们所讨论的龙泉青瓷尚无法加以直接联系，因而不宜径直归入龙泉窑，但显然与龙泉窑的兴起有着不可分割的关联，可暂且称之为'先龙泉'。'先龙泉'与以白胎、淡釉、纤细刻划花为基本特征的产品——'早期龙泉青瓷'之间，有着某种明显缺环，尚有待于今后的探索。"任世龙先生在文中把龙泉窑产品暂时区分为六个时期，其中第一期的特征："白胎，淡青色薄釉，以纤细划花为主要装饰，与同时期的瓯、越、婺诸窑具有相似特点，约当北宋早期。"[2]另外，冯先铭、李知宴、翟翠武、龟井明德等学者也持北宋说的观点。

综上所述，结合最新的考古资料，关于龙泉窑的初创时间，我们下面作简要探讨。

目前丽水地区六朝时期的窑址仅发现吕步坑一处，其位置虽在现在认为的龙泉窑地理范围内，但龙泉窑窑系的形成是在宋时期。吕步坑产品的性质类型更接近于唐代越窑和瓯窑的特点，无论是其地域位置还是产品特征，都处于前两者的影响波及范围和民间原生状态中，还不能完全归入我们所讨论的"龙泉窑"。

龙泉设基层行政区始于东晋太宁元年（323年），地置龙渊乡，唐代因避李渊讳而改为龙泉乡。唐代乾元二年（759年）始置龙泉县，范围包括今龙泉、庆元等地，在该地域内目前发现最早的窑址位于今庆元县黄坛村。

黄坛窑产品以碗（图2-6）为主，其余器型有盘、盏、钵、盘口壶、罐、多角罐、

1　浙江省轻工业厅等编.龙泉青瓷[M].北京：文物出版社，1966：前言1.

2　任世龙.论龙泉窑的时空框架和文化结构[G]//中国古陶瓷学会.龙泉窑瓷器研究.北京：故宫博物院，2013：5–13.

砚台等，施半釉为主，外腹近底处及外底部不施釉，个别器物施满釉，釉色以青黄、青灰色为主，明火叠烧，器物外底足端及内心处有 3 ～ 6 个叠烧痕。与丽水吕步坑窑址唐代地层（图 2-7）、松阳水井岭头窑址，甚至福建北部的建阳将口窑址[1]、江西东部的景德镇乐平南窑遗址[2]、景德镇浮梁县大金坞窑址[3] 等窑址出土的部分产品风格较为一致。而与同时期处于浙东地区的越窑，在器型、胎釉特征、装饰方法、装烧工艺上均存在明显差异。

图 2-6　碗·唐代·黄坛窑址出土·龙泉青瓷博物馆藏

图 2-7　碗·唐代·吕步坑窑址出土·龙泉青瓷博物馆藏

　　古代窑业属于资源密集型产业，受本地区瓷土资源的影响较大，选址多位于离瓷土资源较近的区域，同时兼顾森林资源、河流运输、山体坡度等其他资源条件，可谓一方水土养一方窑业。邻近地区具备相同的资源条件因而较容易生产出胎釉风格较为一致的产品，且因邻近地区在经济、文化、民俗及日常生活习惯方面具有一定的相似性，具备近距离进行窑业技术交流的便利条件，在资源近似和窑业技术交流的双重作用下，在同一时间、同一地域内会产生一个产品风格近似的窑业集群，或者可以称之为某一种窑业类型或文化。[4]

　　基于此，黄坛窑考古发掘报告指出"唐代中晚期，在浙闽赣交界地区乃至更大范围内便形成了一个产品风格、窑业技术相似的窑业集群"[5]。这个窑业集群生产的青釉产

1　福建省博物馆.建阳将口唐窑发掘简报 [J].东南文化，1990（3）：135-141.
2　张文江，崔涛，顾志洋.景德镇南窑遗址考古发掘的主要收获 [C]// 江西省文物考古研究所，乐平市博物馆.景德镇南窑考古发掘与研究——2014 南窑学术研讨会论文集.北京：科学出版社，2015：1-78.
3　秦大树，李颖翀，李军强.景德镇湘湖地区早期窑业调查与试掘的主要收获 [C]// 江西省文物考古研究所，乐平市博物馆.景德镇南窑考古发掘与研究——2014 南窑学术研讨会论文集.北京：科学出版社，2015：128-130.
4、5　浙江省文物考古研究所，庆元县文物管理委员会办公室.浙江省庆元县唐代黄坛窑址发掘简报 [J].东方博物，2016（3）：72.

品在一定程度上具有自身地方特征，且形成了一定的规模，从其生产的青釉碗、多角罐等可以看出，系龙泉窑瓷器的先驱产品。因此，从目前的考古资料看，龙泉窑至迟发轫于唐代中晚期。

第二节 ☒ 趋于成熟的唐、五代时期的龙泉窑

一、唐、五代龙泉青瓷窑址

随着考古工作的开展与深入，在龙泉境内的金村、安福，以及周边的黄坛、界首、石帆、吕步坑等地陆续发现了唐、五代时期的窑址。其中重要的窑址除丽水吕步坑唐代窑址外，还有松阳水井岭头唐宋时期窑址、庆元黄坛唐代窑址、青田石帆唐代窑址，以及龙泉金村五代至北宋窑址等。

（一）松阳水井岭头窑址

水井岭头窑址位于松阳县赤寿乡界首村东首，距松阳县城西北20千米。窑址坐落在该村大岗山山脚水井岭头山坡上，前临界首古村落和松阴溪，此地水源、燃料都很充足。窑址南北长约80米，东西长约300米，面积约24000平方米。地表见有大量瓷片及垫具。在界首村8号房屋后的断面上，器物碎片堆积层约有1.5米深，主要有碗、瓶、擂钵、带流壶、缸等产品；器物胎灰，质粗，施青釉，釉层薄。窑具主要为束腰状。垫具主要有高矮两种规格，未见匣钵，叠烧。该窑址出土的产品有侈口大碗，内底有泥点状叠烧痕迹，具有典型的中晚唐时期特征。该窑址的宋代产品主要有碗盏、韩瓶、擂钵等，此时窑址发展到鼎盛时期，故该窑址属唐宋时期。该窑址是松阳县目前已知的最大窑址，产品与婺州窑产品类似，具有较高的历史、科学研究价值。[1]（图2-8）

1 丽水市文化广电新闻出版局.河滨遗范[M].杭州：浙江古籍出版社，2011：94.

图 2-8 标本·中晚唐·水井岭头窑址出土·松阳县博物馆藏

（二）庆元黄坛窑址

黄坛窑址位于庆元县竹口镇黄坛村大路 29 号宅门口，窑址保存情况较差，在自抗日战争以来的三次公路建设以及周边村民建房等活动的影响下，窑址遭到严重破坏。该窑址早在 20 世纪 50 年代就已经被发现。1957 年 2 月，浙江省文物管理委员会曾对庆元竹口、新窑一线的窑址进行过调查，于黄坦（坛）南公路边的地面发现瓷片堆积，并作出如下描述："窑具的形状如带圈足的束腰座，器体粗厚。器物只见碗一种，其形状、胎质、釉色和金沙寺塔基所出的墨书碗（图 2-9）相仿。碗与碗之间以泥钉相隔，没有发现匣钵的碎片。这种碗在造型上与越窑颇为相似，但釉色没有越窑那样明净。根据其造型和釉色，黄坦（坛）窑的烧造时代当在唐代，最迟也不会晚于五代。"[1]

图 2-9 龙泉窑墨书"塔"字青釉碗·唐代·龙泉青瓷博物馆藏

---

1 浙江省文物管理委员会 . 龙泉调查散记 [C]// 浙江省文物考古研究所 . 浙江省文物考古研究所学刊 . 杭州：杭州出版社，2005：491.

2014 年 10 月，浙江省文物考古研究所联合庆元县文物管理委员会办公室对窑址进行了抢救性发掘，发掘清理出唐代残窑炉 1 座、灰坑 1 处。窑址出土器物包括瓷器和窑具两种。瓷器产品器型较为多样，有碗、盘、盏、灯盏、钵、盘口壶、罐、多角罐、器盖、高足杯、执壶、碾轮、砚台、擂钵、盏托等，其中以碗类产品为主。（图 2-10 ～ 图 2-15）窑具有垫柱和匣钵两种。

图 2-10 盏·唐代·黄坛窑址
出土·庆元县博物馆藏

图 2-11 青釉盘·唐代·黄坛窑址
出土·庆元县博物馆藏

图 2-12 钵·唐代·黄坛窑址
出土·庆元县博物馆藏

图 2-13 盘口瓶·唐代·黄坛窑址出土·
庆元县博物馆藏

图 2-14 罐·唐代·黄坛
窑址出土·庆元县博物馆藏

图 2-15 执壶·唐代·黄坛
窑址出土·庆元县博物馆藏

瓷器产品普遍胎色较深，多呈灰色、灰褐或红褐色；胎质粗，较疏松，夹杂砂粒。釉色以青黄、青灰色为主，以少量盘口壶釉色为佳，呈现青色。出土器物普遍烧成温度不高，胎釉结合不好，剥釉现象十分严重。施釉方法以施半釉为主，外腹近底处及外底部不施釉；个别器物施满釉。装饰基本为素面，偶见深刻平行弦纹或不规则圆圈纹。装烧方法以明火裸烧、叠烧为主，器物外底足端及内心处有 3 ～ 6 个叠烧痕；从发现的几件匣钵判断，少量精细产品应采用匣钵装烧。出土遗物中的碗、盘、罐类与江西景德镇南窑窑址 [1] 中的部分产品相同，故年代应该相当，时代为唐代中晚期。[2]

---

1 张文江，崔涛，顾志洋 . 景德镇南窑遗址考古发掘的主要收获 [C]// 江西省文物考古研究所，乐平市博物馆 . 景德镇南窑考古发掘与研究——2014 南窑学术研讨会论文集 . 北京：科学出版社，2015：1-78.
2 浙江省文物考古研究所，庆元县文物管理委员会办公室 . 浙江省庆元县唐代黄坛窑址发掘简报 [J]. 东方博物，2016（3）：72.

（三）青田石帆窑址

石帆窑址位于青田县腊口镇石帆村渡口处（原石帆乡粮管所外面的橘园地，现为腊塔公路）。石帆窑址分布范围北至渡船码头北面 50 米，南至原乡粮管所外面橘园地，东西宽约 50 米。窑址地面散落一些碎瓷片，所在地山坡断面暴露有明显的废弃品堆积层，厚达 1.5 米，但未见窑床暴露。依断面暴露层观察，器型以日常生活品为主，有碗、罐、碟等，以酱色施薄釉，胎厚，工艺较粗糙。专家推测该窑址是一处龙泉窑系的民窑，时代大约在唐宋时期。

（四）龙泉金村窑址

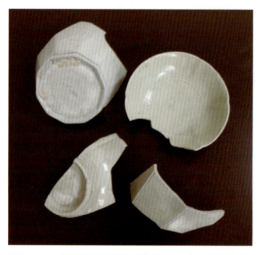

图 2-16　龙泉窑淡青釉产品瓷片·五代·金村窑址出土·龙泉青瓷博物馆藏

龙泉金村窑址位于大窑南侧，两地有古道相连，与庆元县竹口镇上垟村窑址连成一片，是瓯江上游最南端的窑址群。窑址主要分布在瓯江上游梅溪两岸，北起金村东北的郭岩岗，南至庆元县竹口镇上垟的垟淤店自然村，东至金村夏坑，西达上垟村大畈会，在这约 4 千米峡谷地带，共有窑址 52 处（其中庆元县辖 18 处），遗物堆积十分丰富。该窑址始烧于五代至北宋初期，以淡青釉为特色[1]，宋元时期鼎盛，生产粉青、梅子青釉青瓷，多数为梅子青，明代未见烧造。（图 2-16）

二、渐进形成的龙泉青瓷风貌

丽水地区早期窑场处于起步阶段，生产规模较小，属区域性自产自销型，产品在烧造工艺及器型、装饰、釉色方面，与越窑、瓯窑、婺州窑类似。器物种类多为碗、盏、盆、罐、盘口壶、执壶、灯盏等生活用瓷。黄坛窑址出土的唐中晚期部分器物釉色浅青，已隐约具有北宋淡青釉的影子。五代时期，龙泉青瓷在模仿越窑的同

1　龙泉市博物馆.龙泉文物大观 [M].杭州：西泠印社出版社，2017：17.

时，开始在胎釉上有所创新。第三次全国文物普查资料表明，五代至北宋初，丽水地区的窑业初具规模，制瓷技艺已经成熟。龙泉金村、安福窑址出土器物的淡青、泛白釉色不见于浙江其他窑场中，是龙泉地区的原创制品，渐渐形成了龙泉地区自身特色。（图 2-17、图 2-18 ）

图 2-17　龙泉窑淡青釉五管瓶·北宋·龙泉青瓷　　　　图 2-18　龙泉窑淡青釉盘口瓶·北宋·龙泉青瓷
　　　　　博物馆藏　　　　　　　　　　　　　　　　　　　　　　博物馆藏

　　这类淡青釉青瓷胎壁薄而坚硬，质地细腻，呈淡淡的灰白色[1]；通体施淡青色釉(包括器底)，釉层透明，表面光亮，玻璃质感明显。这种釉色是唯一与同时期越窑、瓯窑、婺州窑存在明显差异的地方。龙泉窑器型、装烧方式和装饰特点明显承袭于越窑、瓯窑和婺州窑：①器型有碗、盘、盅、壶、罐、多管瓶，与同时期越窑、瓯窑相近；②底部用垫圈加泥点支烧，器底往往留有泥点支烧痕迹，这一装烧方式显然受到了越窑、瓯窑的影响，其垫圈样式与越窑、瓯窑同时期几无差别；③装饰多采用纤细的划

1　浙江省龙泉县志编纂委员会 . 龙泉县志 [M]. 上海：汉语大词典出版社，1994：296.

图 2-19　龙泉窑淡青釉葵口碗·五代·大窑岙底窑
址出土·龙泉青瓷博物馆藏

花和双线刻花，工艺特征和纹样类型与同时期越窑、瓯窑相近，某些多管瓶或盘口瓶肩部饰以水波状堆纹应当是受到了婺州窑的影响。

其中碗、盘具有明显的仿金银器的特征，口沿多处凹进，器身常作莲花形式，圈足向外微微撇出，式样优雅，多数内底用细线划出变形云纹（图 2-19）；执壶多作瓜棱状，有的用内凹直线，有的则刻以凸起的双线作为瓜瓣的分界线，壶饰以微曲的长嘴和弯曲的执柄，长颈，或盘口或喇叭口，瓜瓣之间多以细线划有云纹或其他较为简约飘逸的纹样。此外，还有一类圆腹形小壶，腹部丰满；多管瓶以龙泉青瓷博物馆藏墩头出土的多管瓶为代表，直口、圆肩、深腹，肩部安有荷茎状五管，管下贴饰一圈形若水波的堆纹，腹面划三重仰莲。

淡青釉瓷器在瓷质、釉色和造型等方面，与 1964 年温州市西郭大桥头石桥桥墩下出土的开宝三年（970 年）瓷质铭文碑（图 2-20）和在河床中发现的执壶（图 2-21）、瓶等瓯窑瓷器[1] 较为相似；所见的盘口长颈莲瓣纹壶，则与上海博物馆收藏的底部刻"太平戊寅"（978 年）款的莲瓣纹壶[2] 相同。由此，朱伯谦先生在《龙泉青瓷简史》一文中指出："淡青釉瓷器的烧造年代当在五代末和北宋早期。"[3]

淡青釉这类瓷器有一定的延续性，英国大维德中国艺术基金会藏有一件元丰年间（1078—1085 年）的盘口瓶（图 2-22），其腹部刻"元丰三年闰九月十五圆日愿烧上邑粮膺（罂）承贮千万年香酒，归去伯（百）年，归后阴荟千子万孙，永招富贵，长命大吉，受福无量，天下太平"，可见至少在元丰年间，此类产品仍在制作，但到了北宋中晚期已经不见。[4]

1　徐定水 . 温州西郭出土北宋瓷质碑铭 [J]. 考古，1965（3）：157.
2　上海博物馆 . 上海博物馆藏瓷选集 [M]. 北京：文物出版社，1979：图 28.
3　朱伯谦 . 龙泉青瓷简史 [C]// 浙江省轻工业厅 . 龙泉青瓷研究 . 北京：文物出版社，1989：5.
4　朱伯谦 . 龙泉青瓷简史 [C]// 浙江省轻工业厅 . 龙泉青瓷研究 . 北京：文物出版社，1989：6.

图 2-20　龙泉窑瓷质铭文碑·北宋·温州市博物馆藏

图 2-21　龙泉窑淡青釉执壶·北宋·龙泉青瓷博物馆藏

图 2-22　龙泉窑盘口瓶·北宋·英国大维德
中国艺术基金会藏

第三节  走向巅峰的宋代龙泉窑

一、追求大写意刻花的北宋龙泉青瓷

龙泉窑在北宋进入快速发展期，生产规模和制瓷技艺上都有了很大的突破。宋代庄绰《鸡肋编》记载："宣和中，禁庭制样须索，益加工巧。"[1] 叶寘《坦斋笔衡》记载："本朝以定州白磁器有芒，不堪用，遂命汝州造青窑器，故河北唐、邓、耀州悉有之，汝窑为魁。江南则处州龙泉县窑，质颇粗厚。政和间，京师自置窑烧造，名曰官窑。"[2] 从以上宋代文献可看出，龙泉青瓷可能在五代，至迟在北宋宣和之前已被列为贡瓷，宣和年间龙泉窑烧造技艺更加工巧，可根据宫廷的需要按样稿烧制宫廷用瓷。而《坦斋笔衡》未提及越窑，可以推测北宋晚期，越窑可能已在朝廷的视野中消失，"龙泉县窑"渐渐取代了越窑的地位，成为南方地区贡用瓷窑的代表。（图 2-23）

图 2-23 龙泉窑刻花牡丹纹粉盒盖·北宋·龙泉青瓷博物馆藏

北宋时期，龙泉窑业规模迅速扩大。龙泉窑以龙泉市的金村、大窑、安福、大白岸和庆元县上垟等为中心，逐渐向东沿瓯江流域扩展。据第三次全国文物普查资料统计，目前已发现的北宋窑址多达 159 处。

北宋龙泉窑器型有碗、盏、盘、碟、壶、瓶、炉、罐、多罐瓶等各种造型，古朴大方，式样丰富；釉为石灰釉，器物胎骨多呈灰色，釉色多为艾叶青或略为偏黄的色

---

1 转引自故宫博物院陶瓷研究所．故宫博物院九十华诞汝窑学术研讨会论文集（上）[M]．北京：故宫出版社，2020：148.

2 陶宗仪．南村辍耕录（卷二十九）[M]．山东：齐鲁书社，2007：386.

彩，透明度和光亮度较好，清新亮丽，却又不飘浮。胎壁薄而均匀，胎釉结合致密。装饰手法基本上是采用刻划技法，刻划的纹饰清晰明亮。刻划刀法深浅有致，宽窄变化自如，当地现今俗称"半刀泥"。这种刻划技艺形成如下艺术效果：在轻重缓急的运刀力度和速度中，充分体现出刻划线条的节奏韵律之美；装饰风格高雅洁净，层次分明，却又含而不露；刻划写意大方，划纹流畅舒展，纹样变化丰富，既对比错落，又呼应协调，充满想象。常见的纹饰有团花、莲瓣、婴戏纹等。（图 2-24）

图 2-24　龙泉窑刻花莲瓣小缸盖子·北宋·龙泉青瓷博物馆藏

北宋龙泉窑比较有代表性的一类器物是双面刻划花敞口碗，大多唇翻外卷，斜弧腹下收，圈足；内壁刻花题材较为丰富，有莲花纹、荷叶纹、水波纹、童子戏花纹、鸳鸯戏水纹等，刻花精细，在花卉空隙处往往刻有篦划纹或篦点纹；内底多饰花卉纹；外壁常刻以折扇纹。这类器物在龙泉大量流行，南区和东区都有大量出土。（图 2-25 ～图 2-28）

图 2-25　龙泉窑刻花碗·
北宋·金村出土

图 2-26　龙泉窑双面刻花碗·
北宋·龙泉青瓷博物馆藏

图 2-27　龙泉窑双面刻花碗·北宋[1]

1　浙江省文物考古研究所.龙泉东区窑址发掘报告 [M].北京：文物出版社，2005：彩版六.

图 2-28　龙泉窑刻划"鸳鸯戏水"纹碗·北宋·丽水市博物馆藏

　　北宋中晚期，龙泉窑流行的刻划花风格在同时期的浙江甚至福建地区等窑口都能见到。(图 2-29 ～ 图 2-31) 对此，董健丽先生在《宋代浙江和福建地区的青釉双面刻划花碗》一文中作了详细阐述，梳理出生产这类"外壁刻折扇纹、内壁刻花并饰以篦划纹"的双面刻划花青瓷碗的产地，按照流域可以分为以下几类。[1]

图 2-29　青釉篦划纹碗残片·北宋·乐清瑶岙窑址出土·故宫博物院藏

图 2-30　青黄釉折枝菊花篦纹碗残片·北宋·松溪回场窑址出土·故宫博物院藏

图 2-31　青灰釉篦划纹碗残片·北宋·将乐万全碗碟墩窑址出土·将乐文化站藏

　　瓯江流域分布着龙泉大窑、金村、王湖、安福、大白岸窑、山头窑和温州大、小星垟等窑址。

　　钱塘江流域分布着武义郭洞窑、武义黄茅山窑；金华厚大庄窑、金华瓦叶山窑、金华窑岗山窑；义乌碗窑山窑；江山碗窑乡达河窑址群。

　　闽江流域分布着松溪回场窑；浦城碗窑背窑、霞浦栏九岗窑和坑头厝窑、宁德扶摇窑；连江八井村窑；建阳白马前窑和芦花坪窑、顺昌上河垱窑、下河垱窑；南平市葫芦

1　董健丽. 宋代浙江和福建地区的青釉双面刻划花碗 [C]// 王子林，等. 故宫学刊（第 7 辑）. 北京：紫禁城出版社，2011：275.

山村茶洋窑；将乐万全乡碗碟墩竹舟山窑；三明中村珠山窑；闽侯窑；福清东张窑和福州窑等。

九龙江流域（指环九龙江入海口地区）分布着莆田庄边窑；同安汀溪窑、泉州东门窑、仙游岭南窑、新市窑、南安罗东镇高塘村白扩山窑、荆坑桐仔安窑和石壁窑；厦门集美区后溪镇碗瑶窑和东瑶窑、东山县杏陈镇瓷窑村后壁窑和后劳山窑、漳浦沙西北旗村罗宛井窑、赤土窑、南门坑窑、竹树山窑、南山窑、英山窑和石步溪窑。

从上述窑址分布看，这类青釉双面刻划花碗主要分布在浙江中南部和福建北部、西部、中部、东南部，以福建东南沿海地区分布最为密集。这类器物也多在我国沿海、沉船遗址和海外发现，可见其风潮之盛。

这类刻划花碗不仅影响范围较广，流行时间也较长，从北宋中晚期一直到南宋中期。其自身装饰特色经历了从北宋中晚期的"双面满工"逐渐向单面刻划花发展，布局也变得越来越疏朗简练。这类单面刻划花成了从双面刻划花至南宋光素无纹、以形釉取胜的过渡阶段。

龙泉青瓷博物馆藏的一件墨书"开禧"纪年瓷很好地体现了这类产品的刻划花风格及其至南宋中期仍流行的时代证据。这件龙泉窑墨书"开禧"纪年"S"形云纹刻花大瓷碗（图2-32），口径16.1厘米、足径6.6厘米、高6.9厘米；侈口、圆唇、弧腹、圈足；内壁刻五道"S"形纹将腹壁分成五份，每份中刻饰云纹，内壁近口沿处和内壁近底足处各刻饰两道弦纹，外壁光素无纹，外底足部墨书"开禧"二字；通体釉色泛黄，灰白胎；底足内部无釉，装烧工艺应为圆形泥饼托底垫烧；完残状况为基本完整，其中口沿微残，部分粘复。[1]

除了上述十分有特色的碗这类器型外，北宋龙泉窑刻划花装饰以丰富的题材、流畅的刀法和谐地装饰着各种器型，如在粉盒盖上饰以牡丹纹再加篦划纹；在梅瓶上，底部饰以一圈仰莲瓣纹，上部

图 2-32　龙泉窑墨书"开禧"纪年"S"形云纹刻花
大瓷碗·南宋·龙泉青瓷博物馆藏

1　裘晓翔，张燕.墨书"开禧"纪年龙泉窑刻"S"形复线卷云纹碗[N].中国文物报，2016-06-07（2）.

刻划缠枝花卉纹、蕉叶纹；在盘口瓶腹部刻划大写意花卉纹；在翻口浅腹的盘面里，刻划团花、菊花和童子戏花等题材。（图 2-33 ～ 图 2-36）

图 2-33　龙泉窑双层碗·北宋·龙泉青瓷博物馆藏

图 2-34　龙泉窑刻花浅腹盘·北宋·龙泉青瓷博物馆藏

图 2-35　龙泉窑刻花梅瓶·北宋·松阳博物馆藏

图 2-36　龙泉窑刻花盘口壶·北宋·龙泉青瓷博物馆藏

下面列举几件比较有代表性的纪年瓷，从这些纪年瓷中可以更好地理解上述的北宋龙泉窑刻划花风格。

北宋元丰年间（1078—1085 年）盘口瓶： 1977 年冬，龙泉县林垟乡（现属龙泉市塔石街道）秋畈村 81 岁社员吴昌福挖屋基时在 4 米多深古墓中挖出。同出的墓志用朱砂写，元丰几年字迹已模糊不清[1]，同时出土的有刻花莲瓣纹多嘴罂、刻花盉口罂及婺州窑魂瓶一对。该盘口瓶高 22.4 厘米，口径 8.8 厘米，足径 7.3 厘米；失盖，盘口，筒式颈，椭圆腹，圈足微外撇；肩外缘刻饰弦纹二圈，颈下部刻饰弦纹大三圈，腹部用直条凸棱将其分成六份，每份中刻一变体花叶纹，内填篦划纹；胎质灰白，施青釉，釉层较薄，足内旋削，足底无釉，用垫饼支托装烧。（图 2–37）

图 2–37 龙泉窑刻花盘口瓶·北宋·龙泉青瓷博物馆藏

---

1 朱伯谦 . 龙泉窑青瓷 [M]. 台北：艺术家出版社，1998：104.

北宋元丰年间（1078—1085 年）多管瓶：与元丰年间盘口瓶同出于林垟乡（现属塔石街道）秋畈村元丰纪年墓。高 27.9 厘米，腹径 12.5 厘米，口径 7.5 厘米，底径 7.9 厘米；盖为覆盘式，葫芦形钮，盖面饰篦划纹；瓶直口，短颈，长圆腹分五级，圈足，腹部第二级安流状五管，上腹部各级间满划逆向的斜条状纹，下腹部为双层仰莲瓣纹，瓣内填以细密的篦纹；施青釉，釉色青中微泛黄，灰白胎。（图 2-38）

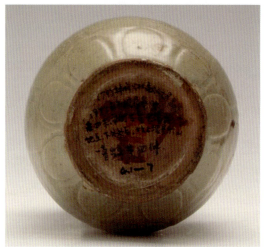

图 2-38　龙泉窑多管瓶·北宋·龙泉青瓷博物馆藏

北宋元丰三年（1080 年）多管瓶：直口、长圆腹分五级，圈足，腹部第二级安流状五管，管首作花形，上腹部各级间刻划双线仰莲瓣纹，腹部莲瓣纹内刻"元丰三年又（闰）九月十五圆日增添福寿……何十二婆百年后荫益子女孙子富贵长命大吉"。（图 2-39）

图 2-39 龙泉窑多管瓶·北宋·日本奈良大和文华馆藏

北宋政和三年（1113年）莲瓣纹杯： 该杯于 1980 年出土于润州高僧冲照大师墓。墓位于江苏镇江市郊登云山，墓主冲照大师于政和二年（1112 年）示寂，翌年（1113 年）归塔于智果寺西。该杯高 7.5 厘米，口径 10 厘米，底径 6 厘米；胎青灰，釉色青绿；平口、直腹、腹下折收，浅圈足，腹部刻划复莲瓣，莲瓣中饰以篦划纹。（图 2-40）另，共出一件龙泉青釉葵口碟，高 5 厘米，口径 9.2 厘米，底径 5.3 厘米；葵口、浅腹；自葵口处通至内底有五条出筋白线；平底内凹；内底刻划花卉纹，辅以篦点装饰。

图 2-40 龙泉窑莲瓣纹杯·北宋·镇江博物馆藏

从以上纪年瓷可以看出，北宋中晚期龙泉窑十分注重花纹装饰，已经从早期淡青釉的纤细划花演变成了有自身特色的刻划兼施的技法，刻划纹饰呈优美的浅浮雕式，加之篦纹作为辅助，将主题花纹与衬饰融于同一个平面，手法娴熟，流畅自然。

二、追求极简如玉的南宋龙泉青瓷

南宋赵彦卫《云麓漫钞》记载："青瓷器，皆云出自李王，号秘色。又云出钱王，今处之龙溪出者，色粉青，越乃艾色……近临安亦自烧之，殊胜二处。"[1] 可见，在临安官窑之前龙泉窑已能烧制出粉青色的青瓷。

因宋室南移至临安，宫廷对龙泉青瓷审美上和经济上的需求，使龙泉青瓷生产质量和生产规模迅速地得到提升。同时因为越窑的衰落，龙泉青瓷担当起传承重任，迎来很大的发展机遇。

经考古调查发现，在龙泉大窑、金村、溪口、梧桐口、小白岸、大白岸、道太、松溪、安福、安仁口、黄金坑、武溪，以及周边各县的上垟、梓枋、水碓坑、湖山镇、大溪滩、碗窑山，甚至泰顺、文成、永嘉等地都有青瓷窑场，窑址达316处，形成了庞大的龙泉窑系。

南宋龙泉窑产品造型非常丰富，有各种礼器、食用器、卫生用器、照明用器、文房用器、娱乐器、祭器、明器等；纹饰则比较简练，主要有弦纹、莲瓣纹、牡丹纹、龙纹、凤纹和鱼纹等，也有许多器型受当时审美的影响素面而无纹饰。（图2-41、图2-42）

图 2-41　龙泉窑束口盏·南宋·衢州市柯城区浮石街道元桥村史绳祖夫妇墓出土

1　转引自龙泉市博物馆.比德尚玉：龙泉青瓷博物馆馆藏精品图录 [M]. 杭州：西泠印社出版社，2014：184.

南宋龙泉窑的成就主要体现在：一是改进坯料的配方。坯料从原来以瓷石一元配方，改为瓷石和紫金土二元配方，以增强其耐高温强度。二是改进青釉的配方。在釉料中增加了钾离子、钠离子含量较高的本地原料，从而增加了釉的高温黏稠度和熔融温度范围，这种釉被称为石灰碱釉，并配制出粉青、梅子青的精美釉色。三是创新工艺技术。采用素烧和多次施釉的工艺技术，能烧制出温润如玉的青瓷品质。四是开创"哥窑""弟窑"的产品。"哥窑"为紫口铁足，釉面开浅白断纹，风格古朴端庄，纹饰奇丽。"弟窑"则为白胎，常见朱砂底，釉面不开片、莹润、优雅、简洁、洗练，如翠似玉。

图 2-42 龙泉窑凤耳瓶·南宋·松阳县博物馆藏

关于这类如玉般乳浊釉粉青产品，朱伯谦先生在《龙泉青瓷简史》中这样描述："南宋前期的龙泉青瓷，与北宋时的制品不同，已经具有自己独特的风格。它那透明如镜的釉层，就好像是在胎的表面罩上一层薄薄的玻璃。它那青翠的釉色和极少开片与流釉现象的釉面，充分说明制瓷匠师们对釉料的配制和烧成气氛的控制已达到了相当的水平。"[1]

但是事物的出现往往不是一蹴而就的，如玉般的粉青乳浊釉也经历了自身的发展过程，我们选择几件纪年瓷作简要探讨。

目前所见最早具有乳浊现象的龙泉窑瓷器是浙江新昌南门轴承厂工地南宋绍兴己卯（1159 年）[2]墓出土的葵口碗[3]，口径 12.7 厘米，底径 5.3 厘米，高 5.8 厘米；五瓣敞口、圆唇、深弧腹、窄圈足；内壁自口沿葵瓣处至底有白色出筋线；灰白色胎，胎质细腻；除底外，内外通体施青釉，釉层均匀，釉色青绿，已经具有乳浊特征。（图 2-43）在接下去的几十年，通过以下纪年瓷器的面貌可知，釉质基本与此件类似，尚未发展至成熟的粉青厚釉。

1 朱伯谦. 揽翠集：朱伯谦陶瓷考古文集 [M]. 北京：科学出版社，2009：152.
2 墓中出土"绍兴己卯"纪年墓砖。
3 浙江省博物馆. 浙江纪年瓷 [M]. 北京：文物出版社，2020：220.

图 2-43　龙泉窑葵口碗·南宋·绍兴己卯墓出土·新昌县文物管理委员会藏

江西清江县（今樟树市）临江镇寒山南宋淳熙（1174—1189 年）纪年墓出土执壶[1]，高 7.8 厘米，口径 2.5 厘米，底径 4.4 厘米；直口、半肩、深腹上鼓下收，矮圈足；腹部置一曲流，与流对称部位设一弧形执把；肩部饰一周弦纹，腹部饰细密均匀的变体莲瓣纹；壶内外壁施青釉，釉质已具有粉青釉的特质。

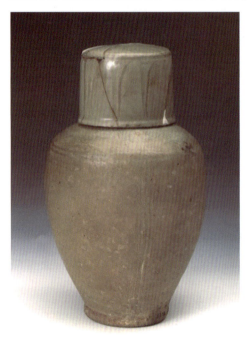

图 2-44　龙泉窑带盖梅瓶·南宋淳熙·何偁墓出土·丽水市博物馆藏

丽水市保定凤凰山南宋淳熙五年（1178 年）何偁墓出土了两件龙泉窑青瓷带盖梅瓶[2]，分别藏于丽水市博物馆和温州市博物馆。其中丽水市藏的这件，口径 6.5 厘米，底径 7 厘米，通高 23 厘米；圆筒形盖，顶微鼓，盖顶与外壁均刻划莲瓣，瓣内填篦纹。瓶圆唇外卷，直颈，丰肩，上腹鼓，下腹逐渐收小，肩腹间划双弦纹，圈足；灰胎，施青灰釉至近底处；盖釉较青翠；外底与圈足无釉，呈灰红色。（图 2-44）

在浙江龙泉东区窑址考古发掘中，大白岸窑址出土了一片南宋淳熙（1174—1189 年）残瓶，在瓶近口沿处刻字，可辨的有"淳熙"残字；釉质已不属于高钙的玻璃质，釉色青翠。（图 2-45）

1　黄冬梅.清江南宋纪年墓出土的瓷器 [J]. 南方文物，1987（1）：10.
2　浙江省文物考古研究所.龙泉东区窑址发掘报告 [M]. 北京：文物出版社，2005：404.

图 2-45　龙泉窑残瓶·南宋淳熙·龙泉青瓷博物馆藏

　　以上几件纪年瓷，釉质已经向不透明的乳浊化发展，但是釉层普遍偏薄，釉色灰黄，尚未发展出成熟的粉青厚釉。成书于开禧二年（1206 年）的《云麓漫钞》提到"今处之龙溪出者，色粉青，越乃艾色"[1]，结合庆元元年（1195 年）程大雅墓[2]、开禧乙丑（1205 年）江西清江（今樟树市）临江镇花果山宋墓[3]、开禧乙丑南宋礼部侍郎胡纮夫妇墓[4]、嘉定六年（1213 年）湖北武汉卓刀泉任晞靖墓[5]、嘉定壬午（1222 年）李垕妻姜氏墓[6]等纪年墓出土的青瓷纪年材料，我们可以看出至迟到 13 世纪初，龙泉粉青釉已经基本走向成熟。（图 2-46 ～ 图 2-49）

图 2-46　龙泉窑花口盘·南宋开禧乙丑·庆元县博物馆藏

1　转引自龙泉市博物馆.比德尚玉：龙泉青瓷博物馆馆藏精品图录 [M].杭州：西泠印社出版社，2014：184.
2　宋子军，刘鼎.浙江松阳宋墓出土瓷器 [J].文物，2015（7）：80-88.
3　黄颐寿.江西清江出土的南宋青白瓷器 [J].考古，1989（7）：669-672.
4　浙江省文物考古研究所，庆元县文物管理委员会.浙江庆元会溪南宋胡纮夫妇合葬墓发掘简报 [J].文物，2015（7）：31-52.
5　湖北省文物管理委员会.武昌卓刀泉两座南宋墓葬的清理 [J].考古，1964（5）：237.
6　吴东海，管菊芬.浙江丽水南宋纪年墓出土的龙泉窑精品瓷 [J].东方博物，2007（2）：37-40.

图 2-47　龙泉窑带盖梅瓶·南宋开禧乙丑·庆元县博物馆藏

图 2-48　龙泉窑青瓷粉盒·南宋嘉定壬午·丽水市
　　　　　博物馆藏

图 2-49　龙泉窑青瓷菊花鼓钉三足炉·南宋嘉定
　　　　　壬午·丽水市博物馆藏

三、龙泉"哥窑"与"弟窑"

在上一部分我们说到至南宋中期，龙泉窑青瓷制作技艺登峰造极，达到青瓷发展的巅峰，两宋之际开始烧造的乳浊青釉由厚胎薄釉逐渐转向薄胎厚釉青瓷，与之前厚胎薄釉制品相比，有了质的飞跃。

薄胎厚釉的产品主要包括黑胎和白胎两类。这两类产品即我们日常所谓的"哥窑""弟窑"产品。

（一）白胎厚釉青瓷

这类瓷器是龙泉窑鼎盛时期的主要产品，延续时间长、窑址分布广、器型种类丰富，除极个别专烧黑胎青瓷的窑场外，几乎所有南宋至元代龙泉窑都生产这类白胎厚釉青瓷，其胎与黑胎青瓷相比往往较厚，装饰方法有浮雕莲瓣纹、弦纹、出筋、贴塑等，釉色因配方和烧成气氛的差异有粉青、梅子青、豆青、炒米黄等，釉层厚度一般为 0.5 ～ 1 毫米，有的甚至达 2 毫米，釉面光泽柔和，纯美者少见开片。（图 2-50、图 2-51）

图 2-50　龙泉窑"弟窑"瓜棱水注·南宋·龙泉青瓷博物馆藏

图 2-51　龙泉窑"弟窑"龙瓶·南宋·龙泉青瓷博物馆藏

（二）黑胎厚釉青瓷

黑胎厚釉青瓷历来是龙泉窑中颇受人关注的产品。关于其窑业遗存的研究从 20 世纪 20 年代末便已开始，陶瓷考古先驱陈万里先生在 20 世纪 20 年代末至 40 年代，先后八次踏访龙泉古窑址，在《龙泉访古记》中对溪口的大麻、墩头和大窑的岙底等窑址中发现的龙泉黑胎青瓷作了翔实记载。[1] 20 世纪 40 年代龙泉县县长徐渊若先生在《哥窑与弟窑》一书中对黑胎（铁骨）产品出土地大窑和溪口也有记载。[2] 1959—1960 年，浙江省文物部门对大窑、金村龙泉窑遗址进行了窑址勘察和发掘，在大窑、溪口、上墩（墩头）、泉坑、梅三等地均发现了黑胎青瓷遗存。21 世纪以来，浙江省文物考古研究所又对龙泉大窑、溪口、小梅、石隆、张村等黑胎青瓷窑址进行了重新调查和发掘，在小梅镇梅三村发现了一处纯烧黑胎青瓷的遗址点。为厘清龙泉黑胎青瓷面貌，浙江省文物考古研究所先后对溪口瓦窑垟窑址和梅三村瓦窑路窑址进行了考古发掘，出土了大量黑胎青瓷标本。

从历次考古调查、发掘和第三次全国文物普查资料来看，烧造龙泉黑胎青瓷的窑址有大窑村的岙底瓦窑坑、岙口亭后、大垟、山树连、墓林沿、水筒头、山头埠、乌窑、

图 2-52　龙泉溪口黑胎青瓷窑址考古发掘现场

学校后、新亭、叶坞底等，溪口村的瓦窑垟、傀儡垟、大磨涧边，上墩村的棉田、金罐，泉坑村的乌岭、茶垟，石隆村，张村，梅三村的瓦窑路等共 20 多处[3]，主要位于龙泉南区，分布于小梅镇的大窑村、梅三村和查田镇的溪口村、上墩村和泉坑村。此外，龙泉东区发现烧造黑胎青瓷的窑址一处——张村窑址。[4]（图 2-52）

1　陈万里. 龙泉访古记 [M]// 陈万里. 陈万里陶瓷考古文集. 北京：紫禁城出版社，1997：60-96.

2　徐渊若. 哥窑与弟窑 [M]. 杭州：西泠印社出版社，2014：1-4.

3　丽水市文化广电新闻出版局. 河滨遗范 [M]. 杭州：浙江古籍出版社，2011：159-164.

4　周光贵，裘晓翔，段鸿莺. 浙江龙泉东区张村窑址黑胎青瓷考察纪略 [C]// 故宫博物院，浙江省博物馆，丽水市人民政府. 天下龙泉：龙泉青瓷与全球化国际学术研讨会论文集. 北京：文物出版社，2021：272-277.

除了小梅瓦窑路窑址属于纯烧黑胎青瓷外，其余烧造黑胎青瓷的窑址中的黑胎青瓷标本往往与白胎青瓷混杂地堆积在一个层次中，甚至存在黑胎青瓷与白胎青瓷粘连在一起的现象，这说明黑胎青瓷和白胎青瓷往往是兼烧的。从出土标本的比例来看，溪口瓦窑垟窑址以烧黑胎青瓷为主，品种丰富，质量较高；其他几处以烧造白胎青瓷为主，兼烧少量黑胎青瓷。

这类瓷器造型以仿金银器的生活用瓷和仿祭祀礼器陈设瓷居多，如八角盘、八角盏、尊、白菜瓶、贯耳瓶、鬲式炉、鼎式炉、匜式把杯、觚式瓶、笔洗等，体量往往不大，但相当精致，无论是胎体所修整的规整度还是整体器型的精神气，都是比较考究的。尤其是其坯体比历代龙泉青瓷都薄，最薄者甚至到1毫米左右，至于器物的口沿和圈足的外缘，真是薄如蛋壳。但并不是所有器型都是如此薄，如觚、尊等仿青铜礼器的产品，下部胎壁较为厚实以支撑器体。胎质细密坚实，多数灰黑如铁，故有"铁骨"之称。口沿因釉难以挂住而露出胎色，故有"紫口"之称；底足因刮釉露出铁骨而被称为"铁足"，这是黑胎厚釉青瓷十分重要的一个特征。（图2-53）

图2-53 龙泉窑黑胎青釉尊·南宋·龙泉青瓷博物馆藏

这类青瓷往往施多层厚釉，釉层厚度与胎厚度的比例较白胎青瓷高，为了获得厚釉，通常都施3～4道釉，如图2-54和图2-55是2012年在大窑踏查时采集的黑胎生烧标本，其中明显可以看出釉分三层，说明它是经过素烧后多次施釉的。黑胎厚釉青瓷釉色以青色为主，留在窑址的多数精光显露，透明性较强，只有那种粉青色釉，色泽柔和，没有浮光。[1] 根据质感不同，有的似碧波，有的似翠玉，还有米黄、紫红等颜色。由于灰黑色胎骨的衬托，釉质往往偏深沉，给人以成熟稳重之感。釉面大多开片，且纹片较多，大小不等，有的只有直开片，有的直开片加斜开片共生，其开片特征与古文献记载"哥窑"的"浅白断纹""百圾碎"等十分接近。

图 2-54　龙泉窑多层釉标本（未烧熟）·南宋·龙泉青瓷博物馆藏

图 2-55　龙泉窑黑胎薄胎厚釉标本·南宋·龙泉青瓷博物馆藏

关于这类黑胎厚釉青瓷，学术界有多种观点，有认为其是"文献记载的哥窑"，有认为其是受到南宋官窑影响下的"仿官"产品，也有认为其亦是宋代官窑。

综观该类标本，我们不难发现这类黑胎青瓷是一类"高成本"的产品：胎骨极薄直接导致成品率降低，这在古代是需要市场支持的，若没有高消费支撑，恐难以为继。另外，这类器物本身的器型选择比较高档，而不是定位于大宗的生活用器。从这两方面来看，龙泉黑胎厚釉青瓷在烧制之初的定位就不是普通用瓷。（图 2-56、图 2-57）

1　郑建明 . 浙江地区南宋时期黑胎青瓷的生产 [C]// 故宫博物院 . 故宫博物院九十二华诞哥窑学术研讨会论文集 . 北京：故宫出版社，2020：155-168.

再来观察龙泉本地的发展序列。根据近几年浙江省文物考古研究所的考古发掘研究，以大窑为核心的龙泉黑胎青瓷胎质、胎釉厚度、釉的呈色和装烧方式等的发展自成序列，经历了从不成熟到成熟的过程，并非受到外地窑口的直接影响。

2012 年 11 月 7—10 日，由浙江省文物考古研究所、龙泉青瓷博物馆主办的"龙泉黑胎青瓷与哥窑论证会"在龙泉青瓷博物馆举办，国内外 20 多名专家、学者参加论证会。会议期间，与会专家听取了龙泉窑址考古队针对近几年来龙泉黑胎产品调查发掘情况的汇报，实地考察瓦窑垟、瓦窑路、大窑等窑址的考古现场，并观摩了考古出土及馆藏的龙泉窑黑胎青瓷标本精品，进而围绕龙泉窑的黑

图 2-56 龙泉窑黑胎青瓷鬲式炉·南宋·龙泉青瓷博物馆藏

图 2-57 龙泉窑黑胎青瓷菱口折沿浅盘·南宋·龙泉青瓷博物馆藏

胎青瓷产品年代、宋代哥窑产地等问题进行了专题论证，最终得出以下结论：①龙泉黑胎青瓷考古取得重大成果；②龙泉出土的黑胎开片的青瓷与文献记载的"哥窑"特征相符；③"哥窑"遗址在龙泉。该论证会的成功召开，解开了"哥窑"谜团，为中国乃至世界陶瓷史之"哥窑"研究提供了依据。

四、宋代科技的突破

南宋以来，在尚玉精神的倡导下，龙泉青瓷的生产追求如玉的质感，向精致极简的风格转变，催生了多层釉施釉技术和乳浊青釉配制技术的创造及运用。龙泉厚釉产品的生产在瓷业发展史上是一个里程碑式的突破，粉青、梅子青釉色的创造把宋代青瓷技艺推向历史巅峰。

为何精美的龙泉青瓷会呈现出温润如玉的质感？石灰釉变为石灰碱釉是龙泉窑制瓷技术的革命性转变，它使得釉从通透的玻璃质感向乳浊釉转变。龙泉青瓷釉色、釉质之美完全得益于这种转变。首先，石灰碱釉由于钾、钠含量高，提高了釉在高温下的黏稠度，从而解决了石灰釉容易流釉的问题；其次，釉的玻化程度较低，釉中分布着许多未熔石英颗粒、针状钙长石晶体和硅灰石析晶群，以及因釉的黏度较高而未能逸出的气泡，釉层变得乳浊而不透明，使釉的外表呈现一种柔和淡雅的玉质感。这是古人劳动智慧的结晶。

通过观察龙泉厚釉特别是黑胎多层釉青瓷标本，可以发现釉层呈多层现象，多为"内釉—胎—第一层外釉—第二层外釉—第三层外釉"，这种分层为乳浊感的产生提供了光学上的帮助，即光线射入后被釉中的第二相（未熔石英颗粒、针状钙长石晶体、硅灰石析晶群和气泡等）改变反射路径，而且不同层的釉质使得最终的反射光线变得散漫柔和。

关于这一多层釉技术的研究，朱伯谦、周少华、周宇松等学者认为薄胎厚釉的技术路线为"多次素烧，多次上釉"。特别是周宇松在其硕士论文《南宋官窑薄胎多层釉青瓷仿制研究》中对多层釉技术进行了研究和探讨，并通过配制多种釉料（1#、2#、3#、4#、5#）进行了仿烧实验，得到一条比较合适的三次素烧、三次上釉、一次釉烧的工艺路线："一次素烧800℃→施一次釉1#→二次素烧（1000～1150℃）→施二次釉4#→三次素烧（1000～1150℃）→施三次釉5#→1290℃釉烧。"[1] 然而，根据近几年采集的生烧标本，也存在"素烧后分次上釉，一次烧成"的可能性，同时从古代窑业的成本投入角度推测，也应该是一次烧成的可能性更大一些，这有待进一步实验研究。

1　周宇松 . 南宋官窑薄胎多层釉青瓷仿制研究 [D]. 杭州：浙江大学，1995. 此类黑胎多层釉仿制实验较少，仍有较大研究空间。

第四节 ∞ 迅猛扩张的元代龙泉窑

一、元代龙泉青瓷多元化装饰

元代龙泉窑青瓷在造型和装饰风格上，由南宋时期的纤巧隽永、高贵典雅、纯净如玉、清雅婉约的风格演变为高大厚重、浑圆粗犷、雄浑敦厚、气势磅礴的风格，形成鲜明的差异。

元代龙泉青瓷在装饰方面重纹饰，形式多样，多采用刻、划、印、贴、镂和褐色点彩等各种装饰技法。常见的纹饰题材有牡丹、莲花、荷叶、菊花、梅花、茶花、灵芝、海棠花、缠枝花、桃、石榴、莲瓣、卷草、梅月纹、弦纹、锯齿纹、方格、回纹、勾连纹、云纹、火焰纹、水波纹、浪涛纹、龟、鱼、鸭、龙、凤、鸬鹚、飞雁、八仙、八宝、杂宝和十字杵纹等。从纹饰看，元代龙泉青瓷体现了多种文化的交融，同时也迎合了国内外各种文化层次的需求。（图 2-58）

图 2-58　龙泉窑印花鱼耳炉·元代·韩国国立中央博物馆藏

刻划、模印、堆塑、贴花、点彩、露胎等多种装饰技法是与厚重坚实的胎体、肥厚清亮的釉质、丰富多样的器型相适应的，进行综合运用。根据不同的器物，采取不同的装饰技法组合。点彩和露胎是瓷器装饰的传统技法，从元代起被大量用于龙泉青瓷。点彩是应用含铁量较高的紫金土在器物上点饰，经高温烧成后，釉面上呈现出褐黑色晕散斑纹，与青釉相映成趣，颇有几分枯叶飘落碧水的孤寂之美。露胎装饰是龙泉青瓷富有特色的一种装饰语言。由于龙泉青瓷胎体中含有一定比例的紫金土，露胎处在烧成后期经过二次氧化，呈现出朱砂红或红褐色，和翠绿的釉色形成了鲜明对比。露胎常常用于贴花装饰和瓷塑的面部、胸部和手足部位，显得自然生动。中国传统吉祥图案仍是主要装饰纹样，同时为了迎合海外市场需求，出现了具有异域风情的纹样图案。纹样布局层次分明，主题突出。在多元文化背景下，元代龙泉窑博采众长，成为中国古代青瓷技艺集大成者。（图 2-59 ～ 图 2-61）

图 2-59　龙泉窑青瓷刻花双鱼盘·元代·土耳其伊斯坦布尔博物馆藏

图 2-60　龙泉窑青瓷点彩盘·元代·韩国国立中央博物馆藏

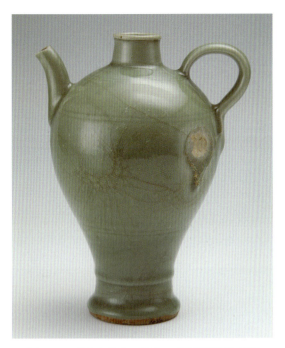

图 2-61 龙泉窑执壶·元代·龙泉青瓷博物馆藏

二、元代造型及工艺上的突破

元代中后期一些龙泉青瓷器型硕大，胎壁增厚，釉层相对变薄，玉质感与南宋相比相对欠缺。但元代的青瓷器型层出不穷，花色品种丰富多样，常见的器型有碗、盘、盏、盏托、杯、执壶、匜、罐、粉盒、唾壶、瓶、花盆、洗、笔筒、笔架、鸟食罐、香炉和塑像等，每种器型又衍生出许多种产品造型。（图 2-62 ～ 图 2-66）

图 2-62 龙泉窑鱼形砚滴·元代·韩国国立中央博物馆藏

图 2-63 龙泉窑高足杯·元代·龙泉青瓷博物馆藏

图 2-64 龙泉窑镂空器座·元代·龙泉青瓷博物馆藏

图 2-65 龙泉窑堆塑观音像·元代·龙泉青瓷博物馆藏

图 2-66 龙泉窑人形灯·元代·龙泉青瓷博物馆藏

元代龙泉青瓷从原料配方到烧瓷工艺，在传承的基础上均有创新。

在胎料方面，选用风化程度好的瓷石原料，坯泥的淘洗和炼制比较精细。胎骨主要由"高岭—石英—绢云母"三元矿物组成，从而极大地提高了烧成的坚硬程度和抗变形能力，为大型器物的成功烧制奠定了基础。此外，胎中铁含量明显降低，白度进一步提高；釉中钙、镁含量进一步降低，而钾、钠含量进一步提高，使得釉在高温下黏稠度继续提高，烧成温度范围继续拓宽。这一时期龙泉青瓷的样貌特征可概括为厚胎厚釉；胎体厚重、坚硬致密，胎色较白或略带灰色；釉质肥厚清亮，呈色青绿。（图 2-67）

图 2-67　龙泉窑缠枝牡丹盖罐（缺盖）·元代·龙泉青瓷博物馆藏

在装烧工艺方面，除了延续南宋垫饼外，还出现了新的垫烧方式：将器物外底部分刮釉，然后采用垫圈垫烧，烧成后留有垫圈的痕迹，刮釉处呈赭红色，俗称"火石红"。（图 2-68）

图 2-68　龙泉窑侈口盘·元代·龙泉青瓷博物馆藏

三、元代多元文化交流对青瓷发展的影响

1271 年，忽必烈改国号为"元"，建立元朝，1279 年攻灭南宋。出身游牧民族的元朝统治者十分重视手工业和商业，对外采取开放政策，极力发展经济贸易。因此，龙泉窑并未因为王朝更替而衰落，反而持续发展，规模日益庞大，成为中国同时期最庞大的窑业中心。

空前繁荣的对外贸易、无比广阔的领土疆域为龙泉窑提供了一个前所未有的广阔市场。在巨大需求的刺激下，龙泉窑生产规模持续扩大，窑址数量、产品类型和产品数量急剧增加。窑场沿瓯江两岸向东扩展，除龙泉以及周边的庆元、云和、遂昌、松阳、丽水、缙云、武义、永嘉、泰顺、文成诸县外，向西则影响至福建、江西、广东等邻省，其分布范围之广、产量之大，为中国古代瓷业所罕见。据考古调查，元代龙泉窑窑址数量猛增，龙泉境内的窑址达 310 处，仅龙泉东区一地就发现窑址 218 处，出现了"瓯江两岸，瓷窑林立，烟火相望，江上运瓷船舶往来如织"的空前盛况。

瓷器是元代对外贸易的最主要、最大宗的商品。据元代汪大渊《岛夷志略》对瓷器输出的 44 个港口的综合统计，龙泉青瓷占第一位，青白瓷占第二位。龙泉青瓷一跃成为世界性商品，流布范围之广，居中国名窑之首。龙泉青瓷沿瓯江顺流而下，在温州港、宁波港和泉州港装船起锚，驶向日本、朝鲜、东南亚、印度洋沿岸的波斯湾、阿拉伯海、红海以及东非沿岸，远销亚、非、欧三大洲许多国家和地区。迅猛扩张走向世界的龙泉窑进入了繁荣兴旺、持续鼎盛的辉煌时期。

元代龙泉窑在大量生产普通民用瓷器和外销贸易瓷之外，也为宫廷生产祭祀、日用和出口用器。《元史》卷七十四《祭祀三》记载："中统（1260—1263 年）以来，杂金宋祭器而用之。至治初（1321 年），始造新器于江浙行省，其旧器悉置几阁。"[1] 这里所指元代江浙行省地域内烧造官用新祭器的瓷窑，应该就是当时青瓷产量大且质量水平最高的龙泉窑。1976 年在韩国新安海底沉船打捞的 20000 多件瓷器中有 10000 多件是龙泉青瓷，并有"使司帅府公用"铭龙泉青瓷盘出水。[2]（图 2-69 ～ 图 2-71）

---

1 沈琼华 . 试论宋代龙泉窑和官府的关系 [C]// 故宫博物院陶瓷研究所 . 故宫博物院九十华诞汝窑学术研讨会论文集（上）[M]. 北京：故宫出版社，2020：346.
2 何鸿 . 域外浙瓷 [M]. 南昌：江西美术出版社，2009：35.

图 2-69　龙泉窑"使司帅府公用"铭盘·元代·韩国
　　　　新安海底沉船出水

图 2-70　龙泉窑青瓷盖罐·元代·日本出土

图 2-71　龙泉窑五管器·元代·韩国新安海底沉船出水·韩国国立中央博物馆藏

第五节 ✍ 盛衰转折的明代龙泉窑

一、明早期持续繁盛的官器生产

《大明会典》记载："洪武二十六年（1393年）定：凡烧造供用器皿等物，须要定夺样制，计算人工物料。如果数多，起取人匠赴京，置窑兴工。或数少，行移饶、处等府烧造。"[1] 成化帝（明宪宗）于天顺八年（1464年）发布的《即位诏》记载："江西饶州府、浙江处州府，见差内官在彼烧造瓷器，诏书到日，除已烧造完者照数起解，未完者悉皆停止。差委官员，即便回京，违者罪之。"[2] 由此可知，在洪武至天顺年间，处州龙泉窑就和景德镇（时称饶州）一样，承担了为宫廷烧造经"定夺样制"的"供用器皿"的任务，且至少在天顺年间（1457—1464年）还有"内官"（太监）监烧。

2006年9月到次年1月，浙江省文物考古研究所、北京大学考古文博学院和龙泉青瓷博物馆联合对浙江龙泉大窑枫洞岩遗址进行了考古发掘，证实了龙泉窑于明早期烧造贡御瓷器的历史。[3]

此次发掘面积1600平方米，除窑炉遗迹外，还出土了包括碗、钵、盆、五爪龙纹盘残片、"顾氏"印纹碗、刻铭文窑具等。其中，发掘出土了刻有"官"字款的圆锥形火照等一些窑具，还出土了一件永乐时期刻花海涛双鱼纹"官"字洗，外底刻有一个"官"字，表明其为官器；同时发掘出土的一件垫托上划写"三样三个，花；三样三个，内花一个；二样三个，光；四样二个，光；二样碗五个，花"等文字。在景德镇珠山遗址的发掘中也发现不少同一时期的瓷样标本，如"四十九号十八样""十一号十二年样""二十年戊七十号""五十七年样"等。这些都说明这两处窑烧造产品是有"样"可依的，揭示了龙泉窑在明早期曾为宫廷烧造官器，并由朝廷发布统一"定夺制样"，因而器物造型和图案特点与景德镇生产的御用青花瓷器类同。（图2-72～图2-74）

1　王光尧.中国古代官窑制度[M].北京：紫禁城出版社，2004：52.

2　转引自故宫博物院陶瓷研究所.故宫博物院九十华诞汝窑学术研讨会论文集（上）[M].北京：故宫出版社，2020：15.

3　浙江省文物考古研究所，北京大学考古文博学院，龙泉青瓷博物馆.龙泉大窑枫洞岩窑址[M].北京：文物出版社，2015.

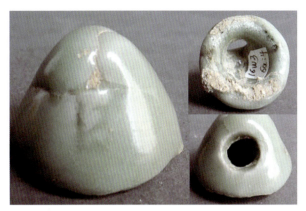

图 2-72　龙泉大窑枫洞岩窑址刻 "官" 字款火照·明代·　　图 2-73　龙泉窑永乐刻花海涛双鱼纹
龙泉青瓷博物馆藏　　　　　　　　　　　 "官" 字洗·明代·龙泉青瓷博物馆藏

图 2-74　龙泉大窑枫洞岩窑址出土的刻划有 "三样三个，花；三样三个，内花一个；二样三个，光；
四样二个，光；二样碗五个，花" 等字的垫托及其拓片·明代·龙泉青瓷博物馆藏

　　此外，该窑址还出土了多件刻花五爪龙纹盘、刻花五爪龙纹高足杯。明初对龙
凤纹的使用是有严格规定的。《明史》卷六十八《志》第四十四 "器用之禁" 条："洪武
二十六年（1393 年）定……不许用朱红及抹金、描金雕琢龙凤纹。" 由此可知，这些器
物是专属于帝王的御用器。（图 2-75、图 2-76）

图 2-75　刻花五爪龙纹侈口盘·明代·大窑枫洞岩窑址出土·龙泉青瓷博物馆藏

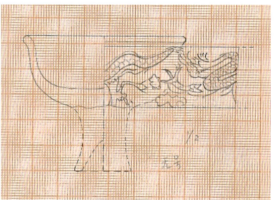

图 2-76　刻花五爪龙纹高足杯·明代·大窑枫洞岩窑址出土·龙泉青瓷博物馆藏

　　明早期的龙泉青瓷官器作为国礼赏赐给各国使臣，并随郑和下西洋，以主角身份参与世界经贸和文化交流，流布于世界 50 多个国家和地区。

　　土耳其托普卡比宫收藏有大量中国瓷器，主要是龙泉青瓷和景德镇青花瓷。皇宫收藏的许多龙泉青瓷被包镶金银、宝石（图 2-77），彰显皇室的高贵和奢华。它们在奥斯曼土耳其皇室和达官显贵之家被广泛使用，是权势与财富的象征。每逢苏丹登基、寿辰、大婚及其他重要庆典，都会见到它们的身影。图 2-78 描绘了 1720 年苏丹艾哈迈德为儿子们举行割礼庆典的盛况，龙泉青瓷大盘置于餐桌的中央，用以盛放食物。

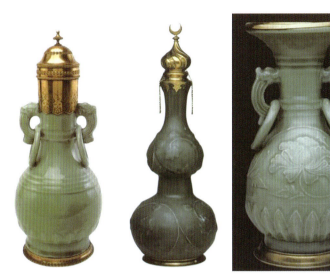

图 2-77　镶金龙泉青瓷·土耳其托普卡比宫藏

图 2-78　1720 年苏丹艾哈迈德为儿子们举行割礼庆典的盛况

明洪武、永乐时期的官器的主要器型有盘、玉壶春、梅瓶、执壶、大墩碗、折沿盘、莲子碗等。（图 2-79、图 2-80）盘、墩碗、梅瓶的胎都比较厚；玉壶春、执壶、小碗、菊瓣纹碗的胎却比较薄。胎色较白，少数白中泛灰，胎质比较细腻。施多次釉，从断面看，以施三层釉为多，但一些器物内壁釉较薄，一般只施一层釉。釉色均匀莹润，质感成熟沉稳，以梅子青为主基调，也有粉青、灰青，少数呈黄色。每一类都分素面无纹与刻花两种，花纹相同的器型规格也基本一致。除梅瓶、玉壶春、玉壶春执壶等器型削足垫烧外，大部分裹足施釉，外底部刮掉一圈釉，用来垫支具。在故宫博物院藏瓷中能找到枫洞岩窑场生产的对应器物。

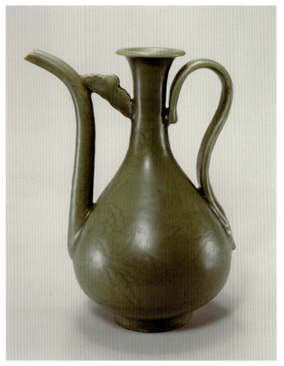

图 2-79　龙泉窑刻划玉壶春瓶·明代·故宫博物院藏　　图 2-80　龙泉窑刻划执壶·明代·故宫博物院藏

　　明初官器盛行胎装饰和釉装饰两种方法。胎装饰用刻花技法（图 2-81、图 2-82），题材除五爪龙纹外，均为植物花果，有牡丹、菊花、山茶、莲、月季、芍药、木芙蓉等观赏花卉，有桃子、石榴、荔枝、樱桃、葡萄、枇杷、林檎等鲜美果实，又有松竹梅、芭蕉等与湖石组合的庭园小景，也有极个别如五线谱等西洋图案。刀法娴熟、做工精细、线条流畅，其丰富逼真的表现力仿佛以刀代笔，挥洒自如，将刻花工艺推向了登峰造极的高度。明初官器和民用器中也有一部分产品纯粹以青釉为装饰形式，素面而无纹饰（图 2-83、图 2-84）。一般釉层都施得比较厚，成品釉面玉质感强。如盘、碗、小罐等产品。

图 2-81　龙泉窑刻花松竹梅纹菱口折沿盘·明代·龙泉青瓷博物馆藏

图 2-82　龙泉窑刻花葡萄纹侈口盘·明代·故宫博物院藏

图 2-83　龙泉窑豆青釉带盖梅瓶·明代·龙泉青瓷博物馆藏

图 2-84　龙泉窑豆青釉碗·明代·龙泉青瓷博物馆藏

二、明中期以后的青瓷生产

从成化时期开始，龙泉窑不再为宫廷生产御用瓷器。明嘉靖《浙江通志》卷八《地理志·处州》记载："价高而征课遂厚。自后，器之出于琉田者，已粗陋利微，而课额不减，民甚病焉。"[1] 清乾隆《龙泉县志》也说："明正统时顾仕成所制者，已不及生二章远甚，化治以后质粗色恶，难充雅玩矣。"[2]

明中期以后龙泉窑青瓷的特点是胎体厚重，胎色白中泛灰，釉层透明度较高，成型较草率，质量略显粗糙。这一时期常见的器物有碗、盘、杯、执壶、盒、罐、瓶、炉、砚、砚屏、烛台、凳和雕塑等。（图2-85、图2-86）

图2-85　龙泉窑烛台·明正统九年
（1444年）·江西省博物馆藏

图2-86　龙泉窑历史故事碗·弘治十五年
（1502年）·湖北省京山市博物馆藏

其装饰方法基本承袭了元代的刻、印等方法，但是在纹样的结构、形象及刀法上比宋代、元代大为逊色，工整规矩的纹饰稍显呆板，刻花常常按照花纹外沿运刀，运

1　转引自故宫博物院. 哥窑雅集：故宫博物院珍藏及出土哥窑瓷器荟萃 [M]. 北京：故宫出版社，2017：335.
2　转引自龙泉市博物馆. 比德尚玉：龙泉青瓷博物馆馆藏精品图录 [M]. 杭州：西泠印社出版社，2014：188.

刀的轻重、起落、宽窄、粗细都不甚讲究，缺乏节奏和韵律的感染力；但在装饰题材上略有拓展，常出现山水人物、历史传说、二十四孝等故事画面，以及刻有"福寿""金玉满堂、福如东海、长命富贵"等吉祥语款。

三、明代由盛渐衰的背景分析

这一时期中国瓷业格局发生了很大的变化。景德镇一家独大，成为生产规模最大、产品质量最高的窑场，为宫廷生产御用瓷器的官窑也设立于此。其生产的青花瓷已成为国内外市场的主流产品，其他新颖瓷器制品也广受欢迎。相较于龙泉，景德镇依靠赣江，在地理交通上占据优势，最重要的是景德镇百花齐放的瓷器种类远胜于龙泉单一的青瓷，且在永宣时期，景德镇官窑已经仿制出龙泉窑典型产品。元代以来景德镇生产的白瓷、青花、釉里红等新品种，开拓了陶瓷烧造的新阶段。景德镇的冲击是龙泉窑走向衰落的主要外部原因之一。

此外，明代不同于宋代，整体社会审美发生转变，已从宋代对单色釉的欣赏，逐渐转向对于瓷器表面色彩装饰的喜好。这一审美变化意味着龙泉青瓷国内市场锐减。

从宏观角度看，明朝繁重的苛捐杂税，也加速了龙泉窑的衰落。

也有学者提出，明早中期龙泉地区发生叶宗留起义，矿工起义军和政府军对抗，对当地产生重大影响，直接导致龙泉窑烧造的停止甚至破坏。[1] 矿工起义对瓷业到底产生多大的影响，目前不得而知，但是对于在多重因素影响下风雨飘摇的龙泉瓷业而言，起义战争无疑是相当不利的。

可见，在多方面因素的共同作用下，明中晚期龙泉瓷业生产规模逐渐缩小，淡出历史舞台。

1　李冰.明代龙泉窑衰落原因初探[C]// 中国古陶瓷学会.龙泉窑瓷器研究.北京：紫禁城出版社，2013：142.

第六节 ❧ 步入式微的清代龙泉窑

一、清代龙泉窑业的状况

清代龙泉窑窑场所剩无几，只有大窑、孙坑等少数地方在烧造青瓷，至清末时处于濒危状态，但并未停烧。这一时期的龙泉青瓷产品可分为三类：一类是善男信女为寺庙定烧供器，如炉、瓶、烛台等，这些器物大多制作精良，并刻上供奉者的姓名；一类是为提高生活品位、美化生活用的器物，如各种瓶、罐、壶、筒、灯等；还有一类是普通百姓生活日用产品，如碗、盘等。从产品结构来看，陈设瓷所占的份额较大。这说明即使在龙泉青瓷衰退的清代，老百姓对龙泉青瓷仍有较高的认同。

这一时期的龙泉窑制品特征如下：坯胎厚重，胎质疏松，胎色灰白或呈朱砂色；釉色偏黄泛灰，釉层淡薄、透明，积釉不均，有的釉面开纹片；装饰多采用刻划、镂空等技法，有阴刻阳刻，刻划艺术效果一般；纹样以花卉题材为主，有梅、兰、竹、菊、牡丹、荷叶、莲瓣等，也有龙、鱼、八卦、鼓钉、宝珠、几何纹等。至清末，虽然只有少数窑坊制作青瓷，但龙泉青瓷仍艰难维系，一脉相承。（图2-87～图2-91）

图2-87　龙泉窑八卦三足炉·清代·龙泉青瓷博物馆藏

图 2-88　龙泉窑鼓式罐・清代・龙泉青瓷博物馆藏

图 2-89　龙泉窑青瓷盆・清代・龙泉青瓷博物馆藏

图 2-90　龙泉窑刻竹八卦筒形瓶・清代・龙泉青瓷
　　　　博物馆藏

图 2-91　龙泉窑刻龙纹瓶・清代・龙泉青瓷博物馆藏

二、"乍浦"龙泉与孙坑窑

乍浦是浙江嘉兴市的一个港口，清代时沿岸有许多商铺经营瓷器，可能因港口关闭，这些笨重的瓷器就被丢弃了。后人在乍浦港发现较多瓷器残件，误认为此地曾烧过窑，而这类瓷器风格又与龙泉窑相似，就出现了"乍浦龙泉"之说。经调查，这些产品皆出自龙泉窑的孙坑窑址，主要产品有瓶、盘、缸、壶、炉、笔筒、帽筒、高足茶盏等，以陈设瓷居多，釉色青中泛黄或泛灰，釉薄，玻璃质感强。

孙坑窑是清代龙泉窑的代表，至迟始烧于乾隆中期。徐渊若《哥窑与弟窑》载："明代龙泉南孙坑，亦建有民窑，窑今犹存……清光宣年间，尚有范祖绍、祖裘昆仲同主孙坑窑……"[1] 另据民国档案资料，龙泉孙坑本有一土窑，从乾隆时烧起，一直到民国初期才停办。范氏后人范传统在《孙坑青瓷窑小记》中记："孙坑瓷器技师，我所知者，有范祖裘、范祖绍兄弟及江崇义、元善父子四人……唯技师范祖裘制瓷能力，出类拔萃……大部分仿制哥窑与龙泉窑青瓷……民国三十年（1941年），祖裘叔公不幸逝世，后继无人，孙坑青瓷，从兹中断。"[2] 孙坑范氏兄弟烧制青瓷，名噪一时，其产品有瓶、盘、缸、壶、炉、笔筒、高足茶盏等，以陈设瓷居多。（图2-92）故宫博物院所藏的刻有"植碧殿大王弟子江崇义拜大清光绪十九年"铭文的青釉刻花瓶就是一个明证。（江氏为孙坑村民姓氏之一，植碧殿离孙坑村仅3千米距离，此件作品当为范氏经营的孙坑窑产品。）

图2-92 龙泉窑刻花凤尾尊·清代·龙泉青瓷博物馆藏

1 徐渊若.哥窑与弟窑 [M].杭州：西泠印社出版社，2014：8.
2 范传统.孙坑青瓷窑小记 [G]// 中国人民政治协商会议浙江省龙泉县文史资料研究委员会.龙泉文史资料（第二辑），1985：70-71.

除了孙坑窑外，清早期庆元县竹口、新窑一带也在烧制青瓷，其产品有藏于浙江省博物馆，有"康熙丙子秋月吉旦，竹口许门吴氏……"等铭文为证。

可见，清代龙泉窑瓷业虽然处于衰落状态，但瓷业的生产仍在继续，并为民国时期的复苏保留了火种。

第七节 　 逐渐复苏的民国时期龙泉窑

龙泉窑在明中期以后渐渐萎缩，至清末步入濒危状态，淡出了人们的视野。但是据第三次全国文物普查资料，清末至民国时期龙泉有 65 座窑址，主要分布在宝溪、岱垟、上垟、八都一带。（图 2-93）然而龙泉窑业受景德镇窑业的影响，基本都是烧制青花碗等生活用瓷，当地把青花碗称为"蓝花碗"，把烧制青花碗的作坊俗称为"碗厂"。同时在一些有识之士的推动下，开始仿制宋元时期的传统青瓷产品，但生产青瓷的作坊寥寥无几。民国时期的龙泉瓷业发展有两条线索。

图 2-93　民国时期宝溪溪头龙窑

一、彩绘瓷的发展

青花碗是民国时期生产的最大宗的产品。生产青花碗解决了窑业工人的生存问题。

其中彩绘瓷和艺术瓷的生产促进了龙泉瓷业的发展。1917年，浙江省实业厅在龙泉宫头建立了"省立改良瓷业工厂"，主要生产仿造景德镇的细白瓷，所产瓷器绝大部分是高档彩绘瓷，连普通的日常用瓷也绘上粉彩。其产品曾于1921年在美国费城、1922年在美国芝加哥评比会上获得一等奖。这一时期日用产品以碗、盘为主，也生产少量的茶壶、花瓶等器物。这类产品不仅在国内有买主，而且也深受外国收藏家喜欢，走上国际市场，赢得一席之地。（图2-94）

图 2-94 彩绘瓷·民国·龙泉青瓷博物馆藏

二、传统青瓷的复苏

（一）青瓷仿制

根据徐渊若《哥窑与弟窑》记载，大约在清光绪二十年（1894年），德国传教士奔德在龙泉购地垦种，发现古瓷，流传国外，始引起各方注意。[1] 此后，日、德、法国及国内各地古董商纷至沓来，相继前往龙泉采购古青瓷。随着收藏市场需求的增长，龙泉古青瓷身价倍增，龙泉当地出现一些民间人士研制仿古青瓷。清末民初，龙泉县城廖献忠开始研制古青瓷器，宝溪的"李生和""张义昌""龚三兴"等作坊生产仿古瓷，时任宝溪乡乡长的陈佐汉成立"古欢室"召集民间艺人研究青瓷技艺，并极力推广青瓷文化。

1. 城区廖献忠

廖献忠为民国初年龙泉县城西街的"逊清秀才，试列第一，因足跛，乃改制仿古青瓷，绝精妙，可眩耳食者"[2]。他致力于青瓷研究，"首谋仿古，几可乱真，是为近代仿古

---

1 徐渊若. 哥窑与弟窑 [M]. 杭州：西泠印社出版社，2014：5.

2 徐渊若. 哥窑与弟窑 [M]. 杭州：西泠印社出版社，2014：41.

之嚆矢"[1]，中试后"惟性不谐俗，席门瓮牖，亲厚者赠不索值，白眼者虽重金不能求"[2]。他曾于光绪二十八年（1902 年）至大窑村发动村民在叶坞底等地采掘钢筋炉等古物多种。民国七年(1918 年)，廖献忠曾状告李警佐受人指使上廖家搜获仿古瓷及制瓷原料，实施调包，并在公堂上解析："民失烧就磁器，艺在，尚可再烧，损失犹少。民失原料资本，缺一之难以制造，损失更大。"[3]

从他的这段官司和时间上判断，廖献忠在 1902 年后，受采集古瓷之风的影响，有可能当时就开始研制仿古青瓷，至迟在 1918 年，其仿制技术已非常成熟，包括对原料的研制和青釉烧成技术。可谓耗尽家财，倾注于龙泉仿古瓷的研究。徐渊若《哥窑与弟窑》记录了其制釉配方。

2. 宝溪乡民间制瓷作坊

在清末民国时期，宝溪乡有 15 家窑厂，其中"李先明""张义昌""龚三兴"都是著名的牌号。

"李先明"厂：建于清光绪年间，以生产蓝花碗为主。李先明生有三子：李君义、李君生、李君四。李氏三兄弟于光绪末年又增龙窑一座，号"李生和"厂，以生产蓝花碗为主，兼烧仿古青瓷。1904 年，李君义兄弟在原孙坑窑厂帮工的启发下开始研烧仿古龙泉青瓷，三兄弟统一经营。新中国成立后，"李生和"厂于社会主义改造时期并入龙泉瓷厂。第三代传人李怀德、李怀川、李怀善、李怀珍等被吸收到瓷厂青瓷仿古小组工作。（图 2-95、图 2-96）

图 2-95 云鹤盘·民国·李君义制· 　　图 2-96 仿宋鬲式炉·民国·
李生和博物馆藏 　　　　　　李怀珍制·李生和博物馆藏

1 徐渊若. 哥窑与弟窑 [M]. 杭州：西泠印社出版社，2014：9.
2 徐渊若. 哥窑与弟窑 [M]. 杭州：西泠印社出版社，2014：41.
3 周晓峰. 清末民国时期的龙泉窑业状况分析 [G]// 龙泉青瓷博物馆，龙泉青瓷研究会. 瓷青. 杭州：西泠印社出版社，2017：15.

"张义昌"瓷坊：1918 年由张氏第一代传人张星金创办，由第二代传人张高礼、张高岳承传。孙坑窑技工蒋建寅、金德利曾与张氏两兄弟合伙仿制龙泉青瓷，经三年的努力和上百次的试验，产品接近宋元水平。1954 年，政府对"张义昌"瓷坊进行公私合营改造，张高岳为私方代表。1955 年，由张高岳牵头，召集张照坤、龚庆平、李怀川、张高文共五位艺人成立仿古小组，在"张义昌"瓷坊生产仿古龙泉青瓷，取名"宝溪仿古瓷厂"。（图 2-97）

图 2-97　青瓷龟·民国·张高礼—张高岳制·龙泉青瓷博物馆藏

"龚三兴"青瓷作坊：民国初年由龚统群在龙泉县宝溪乡的车盂村创办，由其儿子龚庆芳、龚庆靖、龚庆平继承。作坊原先烧制青花白瓷，民国二十年（1931 年）左右，龚庆芳开始研制传统龙泉青瓷，民国二十五年（1936 年）研究成功。

龚庆芳和陈佐汉等人为振兴龙泉青瓷，在民国三十三年（1944 年）要求实业部拨款重修德式窑烧制青瓷，呈称："民等潜心孤诣从事研究，积数十年经验和心得，始获效果，而出品之精粹已追步哥窑，媲美章生。然非敢自诩，曾蒙西湖博物展览会发给甲等奖足资证实。"[1]（图 2-98、图 2-99）

图 2-98　青瓷香炉·民国·龚庆芳·龚三兴青瓷坊藏

1　周晓峰.清末民国时期的龙泉窑业状况分析 [G]// 龙泉青瓷博物馆，龙泉青瓷研究会.瓷青.杭州：西泠印社出版社，2017：16-17.

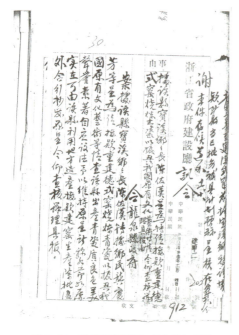

图 2-99　民国档案资料：龚庆芳向省里
申请德式窑报告书·龙泉市档案馆藏

图 2-100　蒋介石题词碑

"古欢室"： 1934 年，由时任宝溪乡乡长的陈佐汉邀本乡瓷工李君义、张高岳、张高文、张照坤、龚庆芳、许家溪等制瓷高手组成的仿古青瓷研制小组。[1] 1945 年，陈佐汉将生产的优质"弟窑"仿制品牡丹瓶、凤耳瓶等 70 余件，委托时任龙泉县县长徐渊若邮寄南京中央实业部请功，旨在展示仿古青瓷之成果，期盼各级政府的重视和资金上的支持。此举受蒋介石青睐，次年获得蒋介石的亲笔题词"艺精陶旒"四字勉励（图 2-100）。[2]

1949 年 12 月，借毛泽东主席访问苏联之机，陈佐汉又将云鹤盘等两件精美仿古青瓷，以"陈相刘"别名从上海邮寄北京外交部转交苏联，献给斯大林寿辰；1950 年 2 月，接奉外交部信函嘉勉。

其他作坊： 溪头村李生和、李志成、陈万昌、利民、同顺吉、复兴、丁洪昌、丁美隆；宝鉴村的供恒义、供荣记、曾裕春、曾合记；上垟的曾芹记；八都、大坦等地都有

1　周晓峰.清末民国时期的龙泉窑业状况分析 [G]// 龙泉青瓷博物馆，龙泉青瓷研究会.瓷青.杭州：西泠印社出版社，2017：17.

2　周晓峰.清末民国时期的龙泉窑业状况分析 [G]// 龙泉青瓷博物馆，龙泉青瓷研究会.瓷青.杭州：西泠印社出版社，2017：17.

窑坊。1938 年，龙泉县全县共有窑厂 67 座。[1]

（二）青瓷产品特征

1. 青瓷造型

民国时期，青瓷生产的产品以仿制宋元时期的经典作品为主，器型丰富多样。据徐渊若《哥窑与弟窑》记载："……继仿大窑古法制器，如炉、瓶、盆、缸、盒等，式样不一，种类繁多。炉有鬲炉、直桶炉（俗名吊脚炉）、鼎炉（俗名笔管炉）、扁炉、彝炉、穿心炉、鼓钉炉。瓶有龙虎瓶、五德瓶、三管瓶、牡丹瓶、天球瓶、凤耳瓶。盆有双鱼洗、梅花盆、菊花盆。缸有金鱼缸、鼓式缸。盒有光素印泥盒、云鹤印泥盒、山水印泥盒等。"[2] 当时大部分青瓷造型都是仿制宋代残破之器。但值得一提的是，在仿古之风盛行的背景下，还涌现出一些带有创新性的青瓷产品，如蟋蟀八角盘、青蛙青瓷雕塑、直壁筒形龙瓶、竹叶纹直筒瓶等，在造型和装饰题材上都有所突破。

2. 青瓷釉色

从民国的文献记载中，可以窥见民国的制瓷艺人对釉的理解和研究达到了一定的深度，同时对釉的工艺要求也高。"釉色有粉青、天青，或葱翠、或点彩，但梅子青、白湖、片纹、鱼子纹，则不易仿制。"[3] 从这段文字中，我们可以看到民国时期青瓷艺人对青瓷釉的认识和体验。《哥窑与弟窑》一书还记载了廖献忠、陈佐汉等人对制釉之法的研究。廖献忠为当时的仿古名手，他潜心研究制釉秘方，花毕生之精力研究出13 个青釉配方。据陈佐汉所言，廖献忠的制釉之法为"以稻壳石灰百与三十六之比，烧灰后捣碎，用水浸淘，去其沉淀，称曰乌油。以十成乌油加十二成白土及五六成紫金泥，即成釉水。亦有不用稻壳而用凤尾草者，前者多绿色，后者多青色。白土重则成白湖色，乌油成分多则发绿色，乌油中紫金泥成分过多则发黑色。火度如过高，则石灰中之石英质烧成玻璃质而显露于外，即不类玉器，故玻璃釉并非佳品。乌油中必搀白土者，可使釉坚凝不流"[4]。可见，民国时期对青釉配方的发掘整理已达到一定的深度。

民国时期的青瓷仿古之品，都上釉数次，穷追南宋之韵，达到釉厚如玉的审美效果。有的为了达到高仿的目的，选择其精者或以氟酸浸洗，去其新光；或故意在青瓷器

1　金登兴 . 龙泉瓷厂厂志 [M]. 杭州：浙江人民出版社，2007：1.

2　徐渊若 . 哥窑与弟窑 [M]. 杭州：西泠印社出版社，2014：9.

3　徐渊若 . 哥窑与弟窑 [M]. 杭州：西泠印社出版社，2014：18.

4　徐渊若 . 哥窑与弟窑 [M]. 杭州：西泠印社出版社，2014：9.

图 2-101 陈万里村居日记·龙泉青瓷博物馆藏

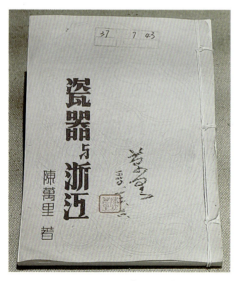

图 2-102 陈万里《瓷器与浙江》

的底部或边缘略碎几许，使其具有历史感。仿古之品真假难辨，鱼目混珠，充斥在当时上海的古玩市场。

（三）龙泉窑研究

有关龙泉青瓷的论述，在古代文献中都是片断式的，未能系统化。目前所见相关专著可能始于民国时期。民国时期，青瓷文化研究氛围比较浓厚，对青瓷的收藏、考古、仿古之风盛行，促进了有识之士对龙泉窑的研究，理论著述风行，涌现出以陈万里先生为代表的一批研究龙泉青瓷的专家，如徐渊若、陈佐汉、钱叔青、廖献忠、裴造时、吴文苑、郑余德、柳兆元、蔡世钦等，掀起了龙泉青瓷研究之风，为青瓷的传承提供了理论支撑。其中陈万里的《青瓷之调查及研究》《越器图录》《瓷器与浙江》、徐渊若的《哥窑与弟窑》、陈佐汉的《古欢室青瓷研究浅说》《古龙泉窑宝物图录》等具有较高的学术价值。

1. 陈万里

陈万里是中国田野考古先驱，民国时期曾担任浙江省卫生署卫生处处长。1928 年 5 月，陈万里首次到龙泉窑考古调查。1928—1941 年，他曾 8 次深入大窑、金村、溪口等地考察龙泉古代窑业，写下了大量的村居日记、考古手记和随笔。龙泉青瓷博物馆收藏了他的部分考古手记、调查文章和出版物。陈万里在考古方法论上，开辟了由"书斋考古"走向"田野考古"的方法路径，具有里程碑的意义。（图 2-101、图 2-102）

2. 徐渊若

徐渊若，江苏江阴人，民国三十二年
（1943 年）至民国三十五年（1946 年）任龙泉
县县长，在任期间沉迷于青瓷文化，"暇与邑
绅聚谈修志，咸以为哥窑于我国文化史上放
一异彩，而邑乘所载，寥寥数则，殊未足餍
考古者之渴望，似应另辑专章，以存文献"[1]。
于是他开始翻阅大量古籍，与龙泉青瓷界的
专业权威人士相互切磋交流对龙泉青瓷的认
知，对龙泉青瓷文化的了解日益加深，并产
生了深厚的兴趣。他曾于 1942 年督征南乡，
道出琉田，亲历窑址，复遍观藏家珍品，积
累了丰富的田野调查的第一手资料。

徐渊若于民国三十三年（1944 年）《哥
窑与弟窑》由龙吟书屋出版。[2] 该书从哥弟
窑时期及所在地之探讨、发掘之经过、哥弟
窑之仿制、哥弟窑之鉴别等方面进行龙泉哥

图 2-103　徐渊若《哥窑与弟窑》

弟窑的概述；又从胎骨、釉色、开片、花纹、款式等方面进行哥弟窑之研究，并刊载
了随笔和认识，较系统地介绍了龙泉青瓷的文化特征，为后人研究青瓷提供了借鉴。
（图 2-103）

3. 陈佐汉

陈佐汉为土生土长的宝溪人，时任民国宝溪乡乡长、溪头瓷业合作社社长等职，
在民国青瓷业复苏的特殊历史时期，扮演了组织、收藏、研究、仿制、推广和营销的
多重角色。

一方面，陈佐汉成立"古欢室"，笼络一批民间艺人，如龚庆芳、张高岳、李君义等
共同研究青瓷；一方面，广泛收集古青瓷的资料，到大窑遗址寻找青瓷碎片，进行分析
研究，反复试验，徐渊若称其所仿铁骨，有时颇混珠；另一方面，潜心研究，足迹遍及
浙江温州及龙泉各乡村和福建浦城、建瓯等地，寻找家有收藏古青瓷者，借观赏而进行

1　徐渊若. 哥窑与弟窑 [M]. 杭州：龙吟书屋，1945：自序 1.
2　浙江省龙泉县志编纂委员会. 龙泉县志 [M]. 上海：汉语大词典出版社，1994：大事记 22.

研究，手绘古青瓷造型 130 件，著有《古龙泉窑宝物图录》《古欢室青瓷研究浅说》《龙泉青瓷汇观录》（后人整理印刷，但未正式出版）；再一方面，以自身职务之便，利用不同的时机和途径宣传推广龙泉青瓷，争取上级政府及社会各界的重视和支持。（图 2-104）

图 2-104　陈佐汉《古龙泉窑宝物图录》

此外，还有蔡世钦《哥窑赋》、柳兆元《瑞士罗教师古瓷影片集序》、钱叔青《龙泉瓷窑之研讨》、裘造时《龙泉章窑》、吴文苑《龙泉古瓷考略》、郑余德《龙泉古瓷》、金石寿《瓷摘》等，可惜均未出版。

综上所述，民国时期的龙泉青瓷窑业步入了传承发展的复苏期。产品类型多样，造型丰富，釉色纯正，主要以宋元时期的产品为楷模进行仿古，几可乱真，产品品质已达上乘，"追步哥窑、媲美章生"，接近宋代风韵和制瓷水平。民国时期是龙泉窑发展脉络中的一个重要节点，承前启后，以仿古为特色，虽然产量不大，但为龙泉青瓷在当代走向中兴奠定了一定的研究基础和产业基础。

第八节　🍃 全面复兴的"上垟时代"龙泉青瓷

新中国成立之初，各行各业百废待兴。1957 年，周恩来总理作出重要指示：要尽快恢复祖国历史名窑，首先要恢复龙泉窑和汝窑的生产。这一指示赋予龙泉人民以恢复青瓷生产、弘扬国粹的历史使命。从 1957 年在上垟建立国营龙泉瓷厂，到 1998 年国营龙泉瓷厂完成改制，上垟牵动了从中央到地方、从官方到民间的力量，聚集了无数精英和民间匠人，他们背负着特殊的历史使命，谱写了龙泉青瓷伟大复兴的新篇章。（图 2-105）

图 2-105　龙泉上垟瓷厂旧址

这一时期很特殊，故被称为"上垟时代"。上垟不仅成为现代青瓷的一个地标，而且成为龙泉青瓷从濒危逐步走向复兴的历史发展的缩影。上垟时代的特征主要表现在以下几个方面。

一、承前启后，继往开来

从宋代至明代早中期的这一段历史时期，龙泉青瓷担当了我国古代瓷业发展的脊梁和陶瓷文明传播的主角，反映出中国青瓷发展史上的辉煌成就。20 世纪 50 年代末，龙泉上垟开启了龙泉青瓷复兴的伟大征程。

一是实现了瓷业经营体制的承启转变。旧瓷业的社会主义改造有"两条途径"。其一，改造手工业者途径，即手工业供销社—生产合作社—合作瓷厂的转变；其二，改造私营工商业途径，即私营联合厂—公私合营厂—国营瓷厂的转变。1957 年，国营龙泉瓷厂建立，标志着龙泉青瓷进入了再次振兴的全新历史时期。

二是实现了龙泉青瓷从生产性恢复到产业复兴的飞跃。20 世纪 50 年代实施"一青二白，古为今用"战略，初步恢复青瓷和白瓷的生产；60—70 年代实施"以青为主，青白结合"战略，扩大青瓷生产，建立起完整的青瓷产业体系；70 年代末到 90 年代中期，龙泉青瓷产业活力和国内外影响力全面提升；90 年代末，国营瓷厂改制，上垟时代完成青瓷复兴的历史使命。

二、勠力同心，合力复兴

在外部力量上，龙泉青瓷的复兴在从中央到地方各级领导的关心下，在各级政府、科研机构、高等院校、社会组织等的大力支持下，凝聚了来自工业、科技、文化、艺术、经济、外贸等各方的力量，得到在政策扶持、项目立项、科学研究、技术革新、文化挖掘、艺术指导、产品外贸、技术培训等方面的帮助支持，形成了产业发展的良好外部环境。（图 2-106）在内部力量上，上垟、宝溪一带聚集了一批优秀民间艺人和产业工人，他们成为瓷业生产的有生力量。在完成对旧窑厂的社会改造和建立国营龙泉瓷厂后，新体制下的生产关系适应了生产力的发展，大大激发了产业干部、职工的积极性和创造力。

图 2-106　20 世纪 50—60 年代龙泉瓷厂彩绘车间·龙泉市博物馆提供

上垟时期可谓政通、人和、业兴。龙泉青瓷产业进行了机构整合，实施统一管理，增强了生产组织化建设；确立了以青瓷为主的发展方向，把龙泉打造成为当代我国最大规模的青瓷产区；建立了系列的管理制度和系统的技术指标、生产工艺操作规程等，实行管理规范化；组织科研攻关和技术革新，推进产业的现代化；加强青瓷文化研究，以人文为支撑，提升了产品的文化艺术内涵；加强产业人才队伍的培养，通过举办技校、职高教育，采取"引进来、送出去"培训方式，培养了一大批企管、设计、工艺、材料、财会、外贸等方面的人才。上垟国营厂时期的龙泉青瓷产业已然建成了一个庞大和完善的青瓷产业发展体系。

三、守望传统，传承精粹

（一）明确青瓷发展方向

周恩来总理关于恢复龙泉窑生产的指示，唤醒了全社会对民族传统手工业的振兴意识。从国家层面，轻工业部出台了《关于恢复历史名窑的决定》。从省级层面，浙江省成立了浙江省龙泉青瓷恢复委员会，派翟翕武（时任浙江省轻工业厅厅长、后任浙江省副省长）主持恢复工作；浙江省轻工业厅专门提出"一青二白，古为今用"的方针，指导龙泉重点发展青瓷，明确了龙泉青瓷的瓷业发展方向。（图 2-107）从地方层面，龙泉在 1956 年就提出了试制新产品计划，组织了仿古小组，仿制青瓷，形成以烧制青瓷为主的产业格局，最终实现了青瓷的全面复兴。

图 2-107　20 世纪 80 年代龙泉瓷厂生产车间·龙泉市博物馆提供

图 2-112　龙泉瓷厂青瓷研究所·青瓷小镇提供

四、锐意进取，拥抱创新

科研工作者和艺术家以振兴青瓷业为国争光的姿态，不断研究青瓷生产新工艺、新方法、新技术，并取得卓越的成就。

（一）技术攻关，革新突破

1. 青瓷生产工艺革新

杨永祥改淘洗法为干料配料球磨法加工原料工艺，代替传统青釉生产工艺，有效控制釉料配比和细度，稳定釉的质量；在青釉研究的基础上，瓷厂研制出多种颜色釉，有黑釉、紫铜釉、虎斑色釉、茶叶末釉、褐色釉和乌金釉等，丰富了釉色品种；改涂擦脱模为气压脱模，省时省力；金逸林改革滚压机刹车片和滚压机热压为冷压，省料省电。[1]

1　金登兴. 龙泉瓷厂厂志 [M]. 杭州：浙江人民出版社，2007：106.

2. 窑炉技术革新

窑炉技术是青瓷烧成的关键，瓷厂随着科学技术的发展而不断改进窑炉技术，提升烧成工艺水平。龙泉青瓷窑炉的改进发展经历了 20 世纪 50 年代的龙窑—60 年代的倒焰窑—70 年代的隧道窑—90 年代的液化气窑和电窑炉的改进过程；窑炉使用的燃料经历了柴—煤—油—液化气的改进过程，90 年代还设计建造了电阻炉，不断提升烧成的成品率，提高生产效益。

3. 制瓷装备革新

为提高青瓷生产的产量和质量，技术人员不断创新和发明陶瓷机械装备。如毛正聪研制的国内首台半自动双刀修坯机，获国家创造发明奖。叶德清发明的碗侧刀压坯机，改进制坯方法。赖朝福、金登兴采用偏心轮原理设计半自动压坯机。赖朝福、郑忠辉试制成功的螺旋压坯刀架，为大产品压坯成型开辟新路。（图 2-113）

图 2-113　龙泉瓷厂生产车间·青瓷小镇提供

（二）艺术创新，推动发展

1. 花色品种品类繁多

从 1963 年试制成功 400 多个品种，到 1988 年已达 1500 多个品种。产品种类，按瓷质分，有"哥窑"和"弟窑"两大类；按使用功能分，有日用瓷、陈设艺术瓷、仿古瓷和包装用瓷等。日用瓷有餐具、咖啡具、茶具、酒具、文具、灯座、花器、烟具等；陈设艺术瓷有花瓶、人物雕塑、动物雕塑、艺术挂盘等；仿古瓷有仿宋、元、明时期的各类产品；包装用瓷包括酒瓶、灭火器包装瓷等。（图 2-114 ～图 2-116）

图 2-114　鸾凤鱼盘·20 世纪 50 年代·龙泉青瓷博物馆藏

图 2-115　执壶·20 世纪 50 年代·龙泉青瓷博物馆藏

图 2-116　中美友好玲珑灯·20 世纪 70 年代·
徐朝兴制·龙泉青瓷博物馆藏

2. 艺术创新形式层出不穷

上垟时代青瓷艺术创作具有古为今用、推陈出新，勇于开拓、守正创新，开放包容、融合创新，紧贴时代、与时俱进等特征。在艺术表现手法上，上垟时代青瓷艺术创新突破，亮点纷呈，如：①新创哥弟窑洒浆、抹浆、填浆、绞胎等多种混合方式；②借鉴彩绘技艺在青瓷上运用釉上粉彩、新彩、贴花、釉下彩、青花等装饰；③创造点缀纹片、形象开片等自然开片新技法；④运用镂空技术，采取镂空和自然积釉结合，形成玲珑剔透的装饰效果；⑤运用现代设计学原理和现代生活美学原理，推出系列成套设计的日用产品，实现日用青瓷艺术化；⑥一些大件器型研制，挑战传统技术的极限，烧造出 70 厘米直径大盘和 130 厘米高的大花瓶，再次将制作技艺推向巅峰；⑦以青为主、彩釉混搭，开辟青瓷艺术的新境界等。（图 2-117）

3. 形成鲜明的时代风格

上垟时代青瓷，一方面注重传统精神的传承，对传统经典作品进行仿制和改进；一方面主张结合时代主题，弘扬主旋律，把人民作为服务对象，满足人民群众现实生活的审美需求；另一方面反映了艺术家以创造者和主人翁的态度投入青瓷创作设计，探索个性化的创作语言，逐渐呈现多元化。（图 2-118、图 2-119）

图 2-117　紫光瓶·20 世纪 80—90 年代·毛正聪制·龙泉青瓷博物馆藏

图 2-118　开岩·20 世纪 60 年代·杨永祥制·龙泉青瓷博物馆藏

图 2-119　敦煌飞天·20 世纪 60—70 年代·
董炳华制·龙泉青瓷博物馆藏

　　在 20 世纪下半叶，以上垟为中心的这段恢复青瓷生产的历史，不是简单的恢复生产和旧物复制，而是逐渐演绎为一场青瓷文化的复兴运动，也是龙泉青瓷发展史上的一次产业革命。上垟时代承前启后、继往开来，留下了许多有形的、无形的产业遗产和文化精神，为 21 世纪龙泉青瓷走向中兴打下了厚实的产业基础，积累了宝贵的精神财富。

第 三 章

龙泉青瓷的地位和影响

第一节 ≈ 世人推崇　朝野弥珍

明代《格古要论》记载："龙泉窑在今浙江处州府龙泉县，盛产处器。"处州，为丽水的旧称；处器，即丽水龙泉窑青瓷。龙泉窑历史悠久，闻名遐迩，影响世界，具有"天下龙泉"之美誉。历史上的龙泉窑规模庞大、技艺精湛、文化庞杂、产品丰富、外销影响深远，在宋、元、明三朝担当中国瓷业发展的脊梁，为中国瓷器文明的发展作出了巨大贡献。

一、大器晚成，后来居上的庞大窑系

青瓷是最早的瓷器产物，起源于商周，成熟于东汉，鼎盛于唐宋。青瓷窑系体系庞大，家族成员众多，南方的青瓷产区主要分布在浙江、江西、湖南、福建、广东、安徽淮河以南等地，北方主要分布于河南、陕西等地，西南则主要出现于广西、四川等地。其中一些著名的窑系见诸文献记载，如唐代陆羽在《茶经》中品定茶碗时写道："碗，越州上，鼎州次，婺州次；岳州上，寿州、洪州次……越州瓷、岳瓷皆青，青则益茶。"这几个唐代瓷窑系都生产青瓷，因此有人把这几个窑系称为唐代六大青瓷名窑。越窑从汉发端，婺州窑从三国时期开始兴起，两者都延续至宋代；岳州窑、洪州窑始于东汉，寿州窑始烧于隋朝，三者都终于晚唐；而鼎州窑起止时间至今不确定，未盖棺论定，宋以后的文献没有再提到鼎州窑。

宋代，我国青瓷烧制进入了一个全面繁盛的高峰期。据有关资料统计，我国古代陶瓷遗址分布于全国 170 个县，其中有宋代窑址的就有 130 个县，占比 75% 以上。[1] 其时，形成了北方定窑、耀州窑、钧窑、磁州窑，南方越窑、龙泉窑、景德镇窑、建窑等的八大窑系，以及"官、哥、汝、定、钧"五大名窑的格局，其中越窑、龙泉窑、耀州窑、官窑、汝窑、哥窑、景德镇窑（青白瓷）等都是著名的青瓷窑系。北宋以后，一直处于翘楚地位的越窑由于北宋、南宋官窑的设立和宫廷审美观的主导，加之越窑瓷土资源的减少，出现青瓷产品滞销，有些制瓷匠师被迫他迁，北宋晚期开始逐渐走向衰落。[2] 而此时南方的龙泉窑和北方的耀州窑则异军突起、蓬勃发展。耀州窑的青瓷鼎盛期在宋、金时期，釉色青绿，俗称橄榄绿。金代出现姜黄釉后，成为耀州窑青瓷走向衰退的转折点，至元代耀州青瓷则完全衰落，转变成以生产白地黑花瓷迅猛发展。

龙泉窑起步稍晚，根据墓葬出土的遗物分析推理，其始烧时间上限可以推至三国两晋时期，而在龙泉的金村及周边的黄坛、吕步坑、石帆、界首等地都发现了唐、五代甚至南朝时期的确切窑址，可以判断龙泉窑至迟创烧于唐、五代时期。乾隆二十七年（1762 年）修的《龙泉县志·大事记》中提到，五代后梁贞明五年（919 年），"龙泉金村、刘田等地瓷作坊已具规模"。龙泉窑始于五代时期是可以被学术界广泛接受的观点，龙泉青瓷早期阶段走过了一段漫长的发展时期。进入北宋时期，龙泉窑得到了快速崛起。据第三次全国文物普查资料统计，龙泉窑系有唐、五代时期的窑址 27处，北宋窑址 159 处，南宋窑址 316 处，并在南宋时期登上青瓷发展史上的巅峰。元代开始，其他青瓷窑系相继衰落，而龙泉窑则在元代得到进一步的发展，窑址达到445 处[3]，龙泉青瓷窑业空前绝后，成为鹤立鸡群、独霸江湖的杰出名窑。而明朝龙泉窑虽然处于盛衰转折期，但仍然保持了 212 处窑址的规模，甚至在明早期仍然可以与兴盛的景德镇窑青花瓷相伯仲。清代，龙泉窑系的庆元竹口、龙泉孙坑等地的窑址仍在烧造，具有一定的影响力。民国时期，仿古之风兴起，开始复制传承宋元龙泉青瓷经典。（图 3-1 ～图 3-3）

1　刘津颖. 浅谈中国古代瓷器工艺发展及其特征——以宋、元、明、清为例 [J]. 艺术科技，2014，27（2）；161.

2　董忠耿. 越窑青瓷的兴衰初探 [J]. 上海文博论丛，2010（2）；25-26.

3　丽水市文化广电新闻出版局. 河滨遗范 [M]. 杭州：浙江古籍出版社，2011；13-21.

图 3-1　唐代·黄坛窑遗址

图 3-2　宋—明·龙泉大窑遗址

图 3-3　清代·曾芹记古窑坊

（一）由中心向四周辐射型的窑群结构

龙泉窑有众多窑址群，龙泉境内南区有金村、大窑、溪口、石隆等窑址群；东区有安福、大白岸、小白岸、安仁口、源口、上严儿、张村、梧桐口等窑址群；周边的丽水市所辖县市区，如莲都保定、缙云大溪滩、云和半山、庆元上垟—竹口—新窑、青田万阜、遂昌湖山、松阳水井岭头等地都发现有青瓷窑址群；再延伸往东则有金华的武义，往南有温州的永嘉、文成、泰顺等，往西南有福建的浦城、松溪、同安等，再往西有江西的广丰等地，都有烧造龙泉青瓷产品风格的窑址群。（图 3-4）

龙泉全境和庆元部分地区是整个龙泉窑的核心区，而其中龙泉境内南区的金村、大窑、溪口是核心中的核心，品质等级高，官器性质的产品多出于此；小梅、石隆和庆元的上垟等地稍次；东区的道太和安仁两个乡镇区域所辖窑址生产的青瓷品质次之，以生产民用瓷及出口外销瓷为主，大多数窑口相对生产时间也较晚，但其在元明时期产量非常大。从产品特点看，北宋时期的龙泉窑多生产刻花透明青釉类型的产品；进入南宋以后融合了汝窑技术而创烧了粉青、梅子青乳浊釉类型的产品，一举登上青瓷制作技艺的巅峰，成为历史上杰出的青瓷名窑。（图 3-5 ～图 3-7）

图 3-4　大白岸窑址出土瓷片

图 3-5　南宋·小梅瓦窑路窑址

图3-6 葵口盘·南宋·小梅瓦窑路窑址出土·龙泉青瓷博物馆藏

图3-7 金村窑址青瓷标本

大窑龙泉窑遗址 大窑龙泉窑遗址是龙泉窑的起源地和中心产区，在中国陶瓷史上占有重要的地位，1988年被国务院公布为全国重点文物保护单位。它包括大窑片区、金村片区、溪口片区、垟岙头片区、上垟片区等五个区块，窑址密集，窑址数量达到126处，占龙泉境内窑址的31.9%；涉及龙泉市小梅镇、查田镇和庆元县的竹口镇，整体范围面积约5266公顷。

大窑片区窑址，位于龙泉市南约45千米，隶属小梅镇。这里山林茂密，水流湍急，加之琉华山麓蕴藏丰富的瓷土矿，丰富的自然资源为瓷业生产提供了得天独厚的条件。

《龙泉县志》载："琉华山在南一都……山下即琉田，居民业陶。"大窑明代以前称"琉田"，地处琉华山下，因而得名。同时，该志还记载了南宋时章氏兄弟在此地各主一窑，即"哥窑""弟窑"，因此大窑是陶瓷界朝拜的圣地，章氏兄弟被尊为青瓷鼻祖。此处共有宋至明代的窑址65处，大窑烧制青瓷始于北宋，结束于明末清初。窑址包括上坞头、叶坞底、新亭、下垟、乌窑岗、上村村头屋后、凉角垟、山连、大坪岗、墓林田、学校后、山树连、岙底大垟、黄麻窟、岙底十三石、山头埠、水筒头、墓林沿、枫洞岩等窑址。北宋时期瓷业已经相当繁荣，南宋至元代为鼎盛时期，明代早期持续繁荣。大窑村周围已发现南宋窑场28处，大窑村后至今有"官厂"地名，民间传当时有"京官"驻此地监造宫廷用瓷。大窑枫洞岩窑址考古发现证明，此地为明代烧造御用或宫廷用官器。可见，大窑生产的瓷器受到宫廷青睐，其产品等级最高，烧造质量最好，产品类型极其丰富。大窑沿小河十里，瓷窑林立，烟火相望，窑场作坊密度大，可以雨不打伞，成为宋元时期全国最大的制瓷中心。（图3-8、图3-9）

图3-8　大窑枫洞岩窑炉遗迹全貌

图 3-9　大窑出土的弟窑标本

金村片区窑址，位于龙泉南部约 50 千米，隶属小梅镇，东北靠琉华山，西南临瓯江上游的瓯江正源——梅溪。金村片区窑址是大窑龙泉窑遗址的组成部分，是龙泉境内发现的龙泉窑最早起源地之一。该窑址群生产的五代至北宋时期的淡青釉刻花类产品最具特色，出土器物有执壶、长颈瓶、罐、碗、五管瓶等，瓶壶类施淡青色釉，器壁均匀，较薄，胎色较白，碗类有葵口和卧足、圈足等，釉色青中泛黄，装饰手法以刻划花为主，窑具有漏斗形、平底形匣钵和喇叭形垫柱、垫圈和垫饼。宋元时期与大窑片区风格一致，质量上乘。窑址分布在金村的下坑、碓路下、下谷岩、墓林、屋后山、溪东、后岙、大窑犇、垟圩店、溪墩岗，以及庆元县上垟村大饭会和邦燕等地。金村曾是青瓷运输的内陆起始码头之一，在参与"海上丝绸之路"开拓中发挥了重要作用。

溪口片区窑址，位于龙泉市南约 29 千米，归查田镇管辖，处瓯江上游，交通便利。窑址分布于村北 1.5 千米的谷下坑至上墩村西北一带，包括桥头垅、夫人殿垮、社基垮、大磨涧边、瓦窑洞、瓦窑垮、上墩、金罐等窑址，共 18 处。该窑址产品以黑胎、开片为主要特征，薄胎厚釉，制作精细，器型以仿青铜礼器为多见。陈万里在《瓷器与浙江》中提及其产品与杭州官窑相近似，说明此地烧造的产品等次很高，可以与大窑相媲美。2011 年，考古发现该窑址产品器型有丰富的瓶、瓶、执壶、水滴、炉、印盒、小缸、渣斗、碗、洗、盏、托等，釉色有粉青、梅子青，胎有黑胎和白胎两种。其中"紫口铁足"、釉面布满开片纹样的产品，经专家论证，认为与文献记载的哥窑特征相吻合，即为文献中所描述的"哥窑"产品。

垟岙头片区窑址，位于龙泉市南约 45.8 千米，隶属小梅镇，邻大窑村。垟岙头窑址是大窑龙泉窑遗址的组成部分，是龙泉窑的起源地之一，创烧于五代，结束至元代。窑址分布在半山、社殿岗、炭窑背、金交椅、山沿坎、柿树后、太婆坎、山里外山、包岙、社林、黄犬头、下户等地共 16 处。该窑址产品器型有盘、盖罐、炉、钵、洗、碗、高足杯、碟、盅、罐、吐盂等，胎色灰白，釉青，不少粉青色，装饰手法以刻、划、印、贴为主。

上垟片区窑址，距龙泉市南 48 千米，隶属庆元县竹口镇。上垟窑址群被纳入大窑龙泉窑遗址，共 8 处窑址。其产品造型、釉色特征、制作方式和装饰手法与金村窑类似。烧制年代自五代至元代。

大窑龙泉窑遗址作为历史上龙泉窑的核心区，产品制作精细，质量优越，具有官器性质。目前窑址本体留存的完整性好，如枫洞岩考古露出的古代青瓷生产制作格局清晰可见。大窑龙泉窑遗址见证了龙泉窑从宋代到明代的辉煌历史，体现了我国古代制瓷手工业生产发达地区的生产方式；在 11—17 世纪，其产品随"海上丝绸之路"远销世界各地，为实现中西方经济、文化交流作出了杰出的贡献，具有很高的历史价值、科学价值和艺术价值。2013 年，大窑龙泉窑遗址被列入中国世界文化遗产预备名录；2016 年，被列入"海上丝绸之路·中国史迹"的申报序列。

（二）原创粉青、梅子青釉色

粉青和梅子青釉色为龙泉青瓷的特色，被世人公认为青瓷最上乘品质。龙泉窑在学习总结浙江越窑、瓯窑、婺州窑和自身技艺的基础上，吸纳南迁的北方汝窑、定窑等瓷窑工匠的技艺，融合南北制瓷技术，在北宋晚期逐步形成自身特色，至南宋时期广泛使用厚釉工艺，至迟在南宋早期创造出最具代表性的粉青釉色。[1] 南宋赵彦卫《云麓漫钞》记载："青瓷器，皆云出自李王，号秘色。又云出钱王。今处之龙溪出者，色粉青，越乃艾色。"[2] 说明龙泉窑在南宋时已成功烧制出粉青釉。龙泉地区的紫金土含量相当丰富，南宋时期龙泉青瓷配釉方法采用了二元配方，釉中加了紫金土，在还原气氛中成功烧出梅子青的釉色。因为龙泉当地的紫金土纯度高，烧出的梅子青特别浓郁，犹如翡翠，而同一时期在当地墓葬及窑址出土的许多龙泉青瓷器物如折沿洗、莲瓣盖碗、龙虎瓶、莲瓣碗、鬲式炉、盏、荷叶盖罐、梅瓶、玉壶春瓶等，几乎随处都可以找到梅子青釉色，梅子青成为龙泉窑非常独特的釉色特征。明代徐应秋在《玉芝堂谈荟》中提到"处陶土脉细以薄，有翠青者、粉青者"。其中"处"即指处州，翠青即梅子青釉色。即使在当代技术条件下，要仿制出高品质的龙泉窑粉青和梅子青釉色，也是极其不容易的。除粉青、梅子青外，还有淡青、天青、米黄、豆青、灰青等釉色，可谓"千峰翠色"，但以粉青和梅子青为代表，而且两者各形成了不同的色系。（图 3-10～图 3-15）

图 3-10　龙泉窑粉青釉标本·龙泉青瓷博物馆藏

1　沈岳明.龙泉窑厚釉技术和粉青釉瓷器的烧造 [J].故宫博物院院刊，2020（5）：15-22，108，109.
2　转引自龙泉市博物馆.比德尚玉：龙泉青瓷博物馆馆藏精品图录 [M].杭州：西泠印社出版社，2014：184.

图 3-11　龙泉窑梅子青釉标本·龙泉青瓷博物馆藏

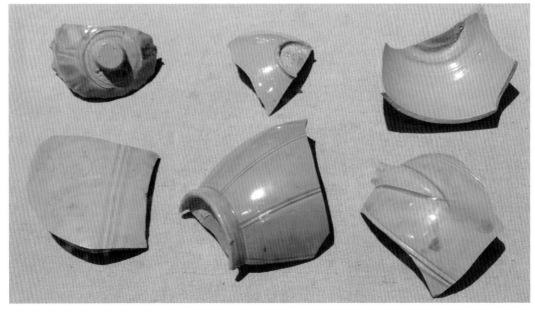

图 3-12　龙泉窑淡青釉标本·龙泉青瓷博物馆藏

图 3-13 龙泉窑豆青釉标本·龙泉青瓷博物馆藏

图 3-14 龙泉窑灰青釉标本·龙泉青瓷博物馆藏

图 3-15 龙泉窑米黄釉标本·龙泉青瓷博物馆藏

（三）产品种类繁多

纵观龙泉窑发展历史，其产品类型可以分为白胎青瓷和黑胎青瓷两大类。

白胎青瓷是历代龙泉窑的主流产品，在龙泉窑系的各窑口均有烧造，是平常所指"弟窑"或"龙泉窑"产品。从胎色特点来看，有灰胎、灰白胎、朱砂胎等产品类型；从胎釉结合关系来看，有薄胎厚釉、薄胎薄釉、厚胎厚釉、厚胎薄釉等类型；从形制划分，有瓶、罐、碗、盏、盅、盘、盆、洗、钵、杯、爵、执壶、炉、熏、尊、烛台、塑像、水盂等器型，非常丰富；从使用性质来看，有礼器、明器、日用器、陈设器、文房用具和娱乐用瓷等，应有尽有。产品以饮食器为多，形制规整，胎色灰白，釉色青绿，以梅子青和粉青为上。装饰技法多样，有刻划花、浮雕、捏塑、贴花、出筋等，是龙泉窑的主要产品。这类龙泉青瓷的白胎器物传承于如冰类玉的越窑系青瓷，基于我国古代玉文化的丰富内涵不断发展而达到巅峰，直至今日都对国内外青瓷产业有着深远影响。

黑胎青瓷类产品存世数量不多，但在龙泉境内发现多处窑址，与白胎青瓷相比属产量不高、分布不广的一类独特产品。这类产品以薄胎厚釉、紫口铁足、釉面开片为主要特征，造型上以琢器为多，大多造型古雅，制作精细。胎骨由紫金土制成，因原料含铁量高故呈灰黑色，胎体细薄且坚硬致密。釉层润泽，厚度常常超过胎壁，为获得厚釉效果多采用多次素烧、多次上釉的方式，又因胎釉收缩比不同出现或疏或密的开片纹样，后称"蟹爪纹""冰裂纹""百圾碎""哈密瓜纹"等。徐渊若《哥窑与弟窑》中有描述："哥窑以铁骨为贵，初仅大窑村采掘得之，及后又在溪口墩头间之瓦窑垟一带发现……时人以溪口附近之八宝山（志称马鞍山）所产之泥，可制铁骨，又因溪口附近发现古石磨，疑即当时碾粉制瓷所用，因之推断哥窑窑址，当在溪口。此言虽不足征，但精美之铁骨作品，颇多出现于溪口一带，则哥窑窑址在溪口之说，要亦言之成理。"[1]器物有礼器、日用器、陈设器、香器、文房用具等，应为官用及上层阶层使用。（图 3-16、图 3-17）

图 3-16　龙泉窑香炉·元代·韩国国立中央博物馆藏

图 3-17　印花粉盒·南宋·龙泉青瓷博物馆藏

1　徐渊若. 哥窑与弟窑 [M]. 杭州：龙吟书屋，1945：3.

综上所述，龙泉窑是一个延续烧制时间长而且历史上未曾断烧，在中国青瓷烧造历史上处于最后巅峰的杰出窑系，其烧制技艺融合了南北瓷业发展的成就，具有总结性的意义。窑业规模大，内涵丰富，产量大、质量上乘的青瓷窑系，产品流布于国内外。陈万里先生曾感叹：一部中国陶瓷史，半部在浙江；一部浙江陶瓷史，半部在龙泉。龙泉窑走过从开创、发展、鼎盛、衰落到再复兴的延续发展过程，其烧制历史之绵长、窑系范围之广泛、生产规模之庞大、文化内涵之庞杂、产品数量之丰富、世界影响之深远，使之成为中国乃至世界陶瓷史上享誉盛名的青色传奇。

二、"制样须索"与"定夺样制"的官窑性质

人们喜欢用"官窑"与"民窑"这两个词去衡量一个窑系的地位及其产品的层级。那么何谓官窑？在古陶瓷研究领域中有两种理解：一种是封建政府所设立，特指北宋官窑和南宋官窑；另一种是受宫廷指定烧造或地方为朝廷生产陶瓷产品的窑场，其产品被宫廷垄断。龙泉窑自北宋以来，其产品就被列入宫廷视域，宋代文献有"制样须索"的记载，明代文献中有"定夺样制"的记载。龙泉的哥窑被列为宋代五大名窑。

（一）"制样须索"

宋人庄绰《鸡肋编》记载："处州龙泉县多佳树，地名豫章，以木而著也。……又出青瓷器，谓之'秘色'。钱氏所贡，盖取于此。宣和中，禁庭制样须索，益加工巧。"[1] 此为有关龙泉青瓷的历史文献中第一次出现"制样须索"一词。作者庄绰出生于北宋晚期，人生经历北宋、南宋两朝，足迹游遍大江南北，见多识广，通晓天文、医药、民俗和历史考证。文中的处州龙泉，与北宋时期的行政区域地名相对应，龙泉历史上仅在1121—1131年称剑川，后又改为龙泉。龙泉境内兰巨乡确有豫章地名的存在，目前仍在沿用。当朝人写当朝事，应该有较高的可信度。钱氏的吴越王朝自五代十国时期封王开始到978年归宋，一直未称帝，呈现"小国寡民、与世无争"的现状，无战乱纷争，经济繁荣，社会稳定。钱王向北方朝廷进贡，越窑青瓷就是唐、五代时期的主要贡品，被称为"秘色瓷"。秘色本身不是一种颜色，因为有官器性质的特殊性，或因其高超制瓷技术的独特性，而用"秘"字予以强调。文中把龙泉出的青瓷也称为"秘色"，

1　转引自故宫博物院陶瓷研究所.故宫博物院九十华诞汝窑学术研讨会论文集（上）[M].北京：故宫出版社，2020：148.

并说"盖取于此"。"盖"字可解释为"大概",具有基本肯定的意思,说明龙泉在庄绰有生之年甚至之前,是"秘色瓷"生产地之一。而龙泉一地生产的青瓷在北宋晚期宋徽宗的宣和年间,技艺已炉火纯青,做工更加巧妙精致,以"制样须索"的方式进行生产,供给朝廷。南宋赵彦卫《云麓漫钞》也曾记载:"青瓷器,皆云出自李王,号秘色。又云出钱王。今处之龙溪出者,色粉青,越乃艾色。"[1]《云麓漫钞》与《鸡肋编》相互印证了龙泉窑瓷大约在五代至北宋初被列为贡瓷的大致情况。赵彦卫为南宋中期之人,出生比庄绰稍晚,其《云麓漫钞》是文献通考,文中写到了"秘色瓷"出自李王,又云出自钱王,可知在此语境下,把"龙溪"(瓯江上游龙泉段叫龙泉溪)生产的五代至北宋初青瓷与越窑秘色瓷相提并论,可知龙泉窑极有可能是贡瓷生产的窑场之一。在北宋中晚期至迟到南宋,龙泉窑粉青釉瓷器出现,完全超越了越窑艾色,取代了越窑的地位。

"样"即为造型样板、形状,也指图案、纹样,亦可指一种造型或装饰的构成"法式"等。"制样"就是事先设计和确定好样式。"须索"则是指按照一定的审美理想和对于生活与审美上的需求,按一定的制度生产并索取所需产品的一种组织方式。在古代汉语中"须"与"需"通用,在这里表达的意思也相同。因此,"制样须索"可以理解为朝廷制定出所需各类陶瓷器的样式,派钦差大臣到地方窑场监烧所需瓷器的一种供需关系,生产的产品供朝廷按需要进行选购选用。有文献记载,北宋朝廷设有"监杭州瓷窑务"的官职,负责窑务管理工作,其实就是国家设在瓷产地的税务官兼窑业生产督导。北宋时,赵仁济以"殿前承旨"身份监杭州瓷窑务,是代表国家在瓷产地负责税务征收和产业管理的专员。[2]由于没有设立专门的官营手工业生产机构,这样的"官定民烧"并没有改变龙泉窑民间窑口的性质,但龙泉窑的一些窑口在一定意义上已成为专为朝廷服务的窑场,受到朝廷的控制,由朝廷决定产品的流向,实际上已具有官窑的性质。

(二)"定夺样制"

"定夺样制"一词出自《大明会典》的记载:"洪武二十六年定:凡烧造供用器皿等物,须要定夺样制,计算人工物料。如果数多,起取人匠赴京,置窑兴工。或数少,行移饶、处等府烧造。"[3]它是指明代的供用器皿式样,需经反复推敲斟酌、定夺样制,且讲究人工及物料的成本核算。文中"行移饶、处等府烧造"说明一部分产品需求数量

1 转引自龙泉市博物馆.比德尚玉:龙泉青瓷博物馆馆藏精品图录 [M].杭州:西泠印社出版社,2014:184.
2 王光尧.中国古代官窑制度 [M].北京:紫禁城出版社,2004:52.
3 李东阳.大明会典·卷之一百九十四·工部十四条 瓷器 [M].扬州:广陵书社,2007:2631.

较少且朝廷自置烧制不成，由朝廷派官员在饶、处等府监烧完成。其中"饶"指江西景德镇；"处"指处州，即浙江龙泉。（图 3-18）明代设立御窑厂至迟在明宣德初年，《明史》卷四十三《地理志（四）》文载："（浮梁县）西南有景德镇，宣德初，置御器厂于此。"[1] 关于御窑厂的设置另记载有：清蓝浦《景德镇陶录》的"洪武二年（1369 年）说"；明詹珊《重建敕封万硕侯师主佑陶碑记》的"洪武末年说"；明王宗沐《江西大志·陶书》的"洪武三十五年（1402 年）说"。[2] 这些记载说明在景德镇设立御窑厂之前，龙泉窑的地位与景德镇窑的地位不相上下，难分秋色，都是生产官器的产地。龙泉窑承担官用器的生产，可能一直延续到明朝天顺年间（1457—1464 年）。《明宪宗实录》天顺八年（1464 年）正月条载："江西饶州府、浙江处州府，见派内官在彼地烧造瓷器。诏书到日，除已烧结完者悉数起解，未完者皆停工。差遣官员，即便回京，违者罪之。"[3] 成化皇帝即位之初便下发了停止饶、处二州烧造瓷器的这道诏书。明代官器的停烧对这两处烧造地乃至全国窑业来说是极为重要的转折点。再度恢复之后，就只剩饶州景德镇一处了。可以说这是龙泉窑具有官器性质的终结。

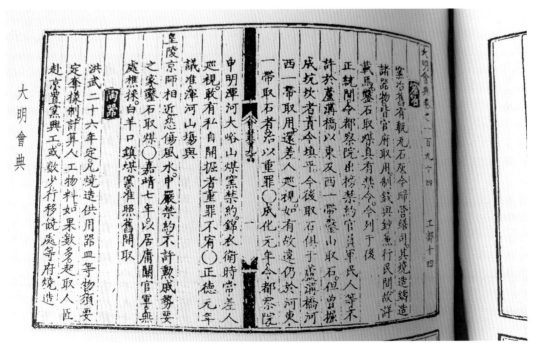

图 3-18 《大明会典》文献

1　王光尧 . 中国古代官窑制度 [M]. 北京：紫禁城出版社，2004：152.
2　王光尧 . 中国古代官窑制度 [M]. 北京：紫禁城出版社，2004：136.
3　王光尧 . 中国古代官窑制度 [M]. 北京：紫禁城出版社，2004：155.

成化以后，龙泉青瓷每况愈下，产品胎质不够紧密、器型不够周正、装饰相对潦草、产品质量不精，渐渐失去市场，与不生产官器密切相关。

2006 年 9 月起，浙江省文物考古研究所、北京大学考古文博学院、龙泉青瓷博物馆联合对大窑枫洞岩遗址进行了考古发掘，发掘出龙窑、作坊、水碓、辘轳坑，素烧炉，储泥池，卵石路面、排水沟、墙基等结构完整的制瓷设施遗迹，出土了大量制作工整、刻划纹样精致、釉色饱满润泽、器型端厚大气、工艺和风格较为独特的文物标本。这些文物标本，造型、纹饰等都符合当时明代宫廷用瓷的特点，其中有刻"官"字底款的盘、"官"字款的火照、"五爪龙"盘、"内府"梅瓶等文物瓷片。"五爪龙"在封建王朝具有特殊的象征意义，这种纹饰是专属于宫廷和至高无上的皇帝使用的。大窑枫洞岩遗址中发现的五爪龙纹和江西景德镇明代官窑遗址出土的五爪龙纹十分相似，这说明浙江龙泉窑在明代确实为宫廷烧制过瓷器[1]，在两岸故宫博物院和土耳其的托普卡比宫等国内外大型博物馆典藏品中，找到了完全对应的产品，证实了枫洞岩出土的龙泉青瓷的等级和窑场性质，对文献记载也是很好的实物印证。事实证明，龙泉枫洞岩窑址就是符合明代官窑体制与经营模式的一处窑场。在明代早中期不仅窑业规模达到212 座，而且作为官用器的烧造地，同期产品远随郑和下西洋大量流布于海外。这些都说明这一时期龙泉窑仍然处于一个繁盛的时代，是中国古代青瓷生产的最后一个闪光点。（图 3-19、图 3-20）

图 3-19 龙泉窑"内府"文字款梅瓶残片·明代·吴甲堂青瓷研究所藏

---

1 王莉英. 龙泉窑在中国陶瓷史上的地位及恢复明代龙泉窑的意义 [J]. 陶瓷研究，2015（3）: 56-57.

图 3-20　五爪龙纹大盘·明代·龙泉青瓷博物馆藏

（三）与官、贡相提并论

历史文献中常把龙泉窑与贡瓷产区和官窑产区相提并论。除上文所录的赵彦卫《云麓漫钞》所提的龙泉窑青瓷与"秘色瓷"的关系之外，还有南宋叶寘在《坦斋笔衡》文中载："本朝以定州白磁器有芒，不堪用，遂命汝州造青窑器，故河北唐、邓、耀州悉有之，汝窑为魁。江南则处州龙泉县，窑质颇粗厚。政和间，京师自置窑烧造，名曰官窑。"[1] 此文献提供了大量的信息。文中所写的本朝，当为北宋建立以来，纳入贡瓷的生产地，北方有定州、汝州，宋以前唐州、邓州和耀州也被纳入贡用瓷器。而北宋时的南方只有龙泉窑被纳入贡瓷，并未提及越窑，可见当时龙泉窑已经取代越窑的贡瓷地位，成为江南首屈一指的代表名窑。在北宋晚期的政和年间（1111—1118 年），宫廷才自行建立官窑烧造。叶寘所提的几个窑系，都是在命造官器的语境下所列的产地。龙泉窑"质颇粗厚"的特点，经常让人们以为龙泉窑产品质量不尽如人意，但值得思考的是，在文中和龙泉窑并提的几个窑系，都并非一般民窑。北宋自置官窑前，龙泉窑与定窑、汝窑都已进入皇家的视野，向宫廷供给宫廷用瓷，成为官器的重要产地。

1　陶宗仪.南村辍耕录（卷二十九）[M].山东：齐鲁书社，2007：386.

明代陆容《菽园杂记》卷十四中对龙泉青瓷的烧造技术进行了描述，最后写道："然上等价高，皆转货他处，县官未尝见也。"[1] 从中基本可以判断他对龙泉窑产品的品级等次的评价。陆容，字文量，生活于明代，历经正统、景泰、天顺、成化、弘治等朝，与张泰、陆釴齐名，时号"娄东三凤"，官至浙江右参政。明代名臣、文学家王鏊称"本朝纪事之书，当以陆文量为第一"。本书记载了明朝相关典章制度、朝野史实、社会风俗、农业、手工业、采矿和农民生活等内容，具有较高的史料价值。明代项元汴《历代名瓷图谱》中鉴赏性地记录了许多僧人、大学家、族人等各阶层人士珍藏于禅房、书房、厅堂、雅室中的龙泉青瓷。明代中国人文地理第一人王士性在《广志绎》中写道："近惟处之龙泉盛行，然亦惟旧者质光润而色葱翠，非独摩弄之久，亦其制造之工也。新者色黯质鶸，火气外凝，殊远清赏。"[2] 处之瓷即为龙泉青瓷。此书成于万历年间，说明龙泉窑在晚明时期，仍然具有较大影响力，受到人们的重视和追捧。

哥窑被列为宋代五大名窑。五大名窑之说始见于明代皇室收藏目录《宣德鼎彝谱》："内库所藏柴、汝、官、哥、钧、定各窑器皿，款式典雅者，写图进呈。"[3] 因为柴窑至今未找到窑址，也无求证实物，所以后来的文献一般把"汝、官、哥、钧、定"列为五大名窑。历史上绝大多数的文献记载都把"哥窑"的产地指向龙泉，如《春风堂随笔》《弇州山人四部稿·说部·宛委余编》《浙江通志·地理志》《玉芝堂谈荟》《说略·工考》《通雅·器用》《物理小识》《砚山斋杂记》《陶说》《景德镇陶录》《南窑笔记》《宋稗类钞》《饮流斋说瓷》《中国陶瓷史》等都以"处州龙泉""处州""龙泉琉田"等进行记载。目前龙泉境内发现的烧造黑胎开片青釉的"哥窑"窑址有多处，包括大窑、小梅、溪口、石隆、张村等处的多个窑口；其产品紫口铁足、薄胎厚釉，釉色深浅不一，以粉青为上，白色断纹等特征与历史文献描述吻合；在龙泉还存有纪念章氏兄弟的庙宇等物质文化遗产，非物质文化遗产有民间承传的祭章氏兄弟的习俗，以及传说有哥窑弟窑的故事等，这些都具有地域文化的唯一性。哥窑代表的就是龙泉窑。[4] 绝大部分专家认同龙泉就是哥窑的烧造地。哥窑为达到如玉的审美要求，以厚釉为创新思路，采用了多次素烧和多次施釉的技术，增加了制作技术难度和烧成难度，费工、费时、费料，为了烧出精致的产品，几乎到了不惜工本的程度。据调查，其产品也不见

1 王奇.中国陶瓷实录 [M].杭州：浙江古籍出版社，2017：375.
2 王士性.广志绎 [G]// 王国平.西湖文献集成.杭州：杭州出版社，2004：317.
3 吕震.宣德鼎彝谱 [M].北京：商务印书馆，1936：1.
4 沈岳明，郑建明.哥窑的新发现 [M].北京：文物出版社，2018：103.

于当地的墓葬，说明其产品的流向是宫廷及达官显贵的上层社会。与"然上等价高，皆转货他处，县官未尝见也"的文献描述相符。明代钱塘高濂在《燕闲清赏笺》中说："论窑器必曰柴、汝、官、哥。然柴则余未之见，且论制不一……定窑之下，而龙泉次之。"[1] 这一文献同样也把龙泉窑和五大官窑相提并论，而清人称之为"龙泉官窑"也是有一定依据的。高濂在《燕闲清赏笺》中又说："官窑品格，大率与哥窑相同。"[2] 当代有些专家认为哥窑为仿官窑之说，这里不论观点正确与否，但说明一点，哥窑的烧造水平和产品风格确实与官窑差不多。（图 3-21、图 3-22）

图 3-21 哥窑悬胆瓶·南宋·龙泉青瓷博物馆藏

图 3-22 哥窑纸槌瓶（半成品）·南宋·
龙泉青瓷博物馆藏

---

1 高濂撰，李嘉言点校. 燕闲清赏笺 [M]. 杭州：浙江人民美术出版社，2019：37，42.
2 高濂撰，李嘉言点校. 燕闲清赏笺 [M]. 杭州：浙江人民美术出版社，2019：37.

第二节 ∽ 文化使者 海外传奇

古代"海上丝绸之路"形成于秦汉时期，发展于三国、隋朝时期，繁荣于唐、宋、元时期，转变于明、清时期。它起始于古代中国，从广州、泉州、温州、明州、杭州、扬州等沿海城市出发，借助季风与洋流等自然条件，利用传统航海技术沟通世界，抵达南洋、印度洋和阿拉伯海，远达非洲东海岸，连接亚洲、非洲和欧洲的古代海上商业贸易路线。这一路径起初承担运输我国古代的丝绸、瓷器、茶叶等商品到海外销售的海上贸易活动，后来成为东方与西方之间在经济、文化、政治等诸多领域进行沟通交流的海上交通网络。

瓯江流域涵盖处、温两地，自古就是青瓷的发祥地。龙泉窑早期受瓯窑的影响而发展，宋代龙泉窑崛起后又影响温州青瓷窑业的发展，宋以后把瓯窑从整体上纳入龙泉窑的辐射范围。处州地处山区，森林茂密。瓯江流域在热带海洋性季风气候的影响下，雨量充沛，瓯江水流湍急，河长 384 千米，经温州注入东海。水流、季风、洋流等因素，为龙泉窑青瓷连通"海上丝绸之路"提供了有利的自然条件。

龙泉青瓷旧时也称处瓷、处州瓷。瓯江是古龙泉青瓷对外贸易的主要通道，通过温州港往北通往宁波港、杭州港等港口集散；往南通往福州港、泉州港、广州港等，然后销往国外。沿瓯江两岸的港口、埠头、渡口等水路设施和内陆通济古道、括苍古道、括婺古道、括瓯古道等组成交通网络，使处州与沿海港口，使内地与海洋紧密相连。同时，处州处于"瓯婺入闽通衢"的交通枢纽，有广阔的经济腹地为海外贸易发展提供有力的保障。温州港就是依托瓯江水系，成为海陆经济串联的重要中转地，在商品运输和人员交流往来方面具有更大的便捷性，其作为"海上丝绸之路"的节点辐射到处州及更纵深的内陆，并发展成既具有瓯江特色又具有海洋文化的青瓷之路。

北宋元祐七年（1092 年），龙泉县令丘崈主持疏浚龙泉溪，处州各县均仿效。于是昼夜行舟，不再有沉覆之危。[1] 瓯江的水路通道疏通后，龙泉青瓷窑业迎来了快速发展期，窑业规模迅速扩大，产品生产量、运输量和出口量大大增加。进入南宋，其他青瓷窑系都逐渐衰退，只有龙泉窑在登上巅峰，独领风骚。南宋开国皇帝宋高宗的"市舶之利，颇助国用，宜循旧法，以招徕远人，阜通货贿"的政策导向，以及造船术的进步

1　浙江省龙泉县志编纂委员会 . 龙泉县志 [M]. 上海：汉语大词典出版社，1994：大事记 8.

和指南针的发明，进一步刺激了龙泉青瓷的生产和海外贸易。据《文献通考》记载，宋神宗后期某年北宋税赋总收入为 7070 万贯，其中农业的两税占 30%，工商税占 70%。[1]这说明，工商业已经取代农业构成国家财政收入的主体。元代，统治阶层主观上一是"重商"，客观上疆土广阔，有多元文化交流和商品贸易需求；二是"重工匠"，造船业发达，航海导航"牵星术"的发明等因素进一步促进和扩大了海外贸易。元代龙泉青瓷生产量进一步扩大规模，窑址数量达到了历史巅峰，在青瓷领域几乎是一枝独秀、独霸天下，成为"海上丝绸之路"最大宗的产品。明朝永乐和宣德年间出现郑和七下西洋的伟大壮举，大量龙泉青瓷，也包括"定夺样制"的宫廷用瓷销往 40 多个国家和地区。正如清末民国时期许之衡在《饮流斋说瓷》中所云："瓷虽小道，而于国运世变亦隐隐相关焉。"[2]明代龙泉青瓷在"锐意通四夷""赍币往赉之，所以宣德化而柔远人也"的战略中，发挥了出色的作用。

宋朝、元朝至明朝早中期，龙泉青瓷处于鼎盛时期，同一时期也是古代"海上丝绸之路"由中国主导海洋贸易格局的辉煌时期。唐宋以来，我国的海洋贸易越来越受重视，唐高宗显庆六年（661 年）开始设立市舶使一职，管理海路邦交和贸易。宋太宗至宋徽宗，陆续开设了广州、明州（今宁波）、杭州、温州、泉州、密州、秀州等市舶司，由直属改为直派。一些没有设置市舶司的重要港口，也相应设立了市舶务、市舶场等市舶司的下属机构。元代经几度扩删，最终合并为庆元、泉州、广州三处市舶司。明朝规定，市舶司"掌海外诸番朝贡市易之事。辨其使人表文勘合之真伪，禁通番，征私货，平交易，闲其出入而慎馆毂之"[3]。龙泉窑所处的窑系范围离温州、明州（或庆元府）、泉州等市舶司距离都不远，而这几处都是海洋贸易的重要港口。龙泉青瓷沿瓯江到达温州港，一是分流往北到宁波港集装销往日本国和高丽国；二是分流往南到泉州集装后通往南海经马六甲海峡运往印度洋的南亚地区、阿拉伯地区和东非沿岸。所以龙泉窑具有靠近出海港口的交通便利，有无与伦比的青瓷产品，有庞大窑系的产供能力，有高附加值的利益驱动，以及宫廷的青睐与订购等，使龙泉青瓷在"海上丝绸之路"中成为最大宗的商贸产品，扮演了商贸和文化的重要角色。

从古代文献记载看，宋人赵汝适所著的《诸蕃志》从志国、志物两方面介绍了宋代我国通过海上交通交往的国家和地区，以及贸易物种。书中所列国家和地区达 50 多个，

1　王剑波.宋元及明初海上丝路探源——丽水龙泉及瓯江两岸在海上丝绸之路中的重要地位 [N].人民日报（海外版），2018-10-18（3）.

2　许之衡撰，杜斌校注.饮流斋说瓷 [M].济南：山东画报出版社，2010：10.

3　转引自陈尚胜.明代市舶司制度与海外贸易 [J].中国社会经济史研究，1987（1）：46.

所到之处都有龙泉青瓷的身影。元代汪大渊的《岛夷志略》记述了他在 1330 年和 1337 年两度漂洋过海亲身经历的东洋（即南洋）和西洋（即印度洋）200 多个地方的地理、风土、物产，对瓷器输出的 44 个港口进行综合统计，龙泉青瓷为最大宗。

国内外的重大考古发现，也为古代龙泉青瓷的外销提供了历史证据支撑。

（一）金村码头——龙泉青瓷通往"海上丝绸之路"的第一站

在"海上丝绸之路"文化遗产保护背景下，2016 年 11 月至 2017 年 1 月浙江省文物考古研究所与龙泉市文化遗产保护中心联合对龙泉金村码头开展考古发掘。金村与大窑仅相隔 2.5 千米，有古道相连（俗称担瓷古道）。金村属于大窑龙泉窑国家级文物保护单位的核心区片（金村片）之一，有窑址 34 处，为五代至宋、元时期遗址。金村码头遗址位于龙泉市小梅镇金村龙泉溪的北岸，处于瓯江的最上游，这里溪面宽阔，水流充沛。经考古发掘，金村沿溪发掘出长 100 多米的码头遗迹，发现了从北宋中期至明代的碗、碟、炉、杯、洗、盏托等龙泉青瓷标本。留在码头遗址上的明代遗物，不仅是金村生产，有一部分是从大窑遗址用人力挑到金村转水运的产品，再从金村码头水运去温州出海。因此，这里是青瓷产品从瓯江上游水运的起始地。宋、元、明时期大量精美的龙泉青瓷从这里起航销往世界各地，带动了瓯江流域的发展，使龙泉成为"海上丝绸之路"的重要支点。（图 3-23、图 3-24）

图 3-23 金村码头考古遗址

图 3-24 金村码头遗址

（二）太仓樊村泾遗址——龙泉青瓷的港口集散地之一

太仓樊村泾元代遗址位于江苏省苏州市太仓市城厢镇樊泾的一处兼有港口、仓储、市场，为"六国码头"的重要组成部分，又号称"元代第一码头"，也是郑和下西洋的出发地。该遗址发掘出土的瓷器约150吨，其中以元代中晚期龙泉青瓷为主，现场发现甚至有使用龙泉青瓷残器来修砌道路或铺设地面的遗迹，足见集聚于此的龙泉青瓷产品数量之多。太仓樊村泾遗址是在龙泉窑系之外所发现的遗存有龙泉青瓷产品的最大遗址，其出土龙泉青瓷与新安海域沉船打捞出水的龙泉青瓷具有高度一致性，说明此地与商贸的紧密关联性，为研究龙泉青瓷的对外输出提供了足够的见证。（图3-25、图3-26）

图3-25　太仓樊村泾考古遗址

图3-26　太仓考古出土龙泉窑瓷器·太仓博物馆藏

（三）新安沉船——"海上丝绸之路"东洋线上龙泉青瓷外销能力的缩影

在"海上丝绸之路"东洋线，龙泉青瓷从温州或宁波运经朝鲜和日本，而朝鲜（918—1392 年称高丽）在仿宋基础上造的翡翠色青瓷也开始返销中国，元代以后对瓷器进口渐少。而同一时期的日本、琉球等则大量进口中国瓷器。

20 世纪 70 年代，在朝鲜半岛西南部新安海域考古发现的一艘中国元代沉船，出水文物中有一铜板，刻有"庆元"二字，可考证此船为元代庆元（今宁波）港始发的商船。新安沉船的目的地本来是日本，途中却沉没于韩国的新安海域。该船共打捞出水文物22000 多件，其中陶瓷类有 17324 件，而龙泉窑系的瓷器多达 9842 件，约占 60%。[1]根据带有铭文的文物推断，该沉船是在元至治三年（1323 年）从浙江庆元港启航，驶向日本博多（今福冈）港的对外贸易船只。此次水下考古证明了"海上丝绸之路"东线的实际存在，很大程度上反映了以庆元港为始发地向日本、高丽航线输出龙泉青瓷的供需情况。（图 3-27）

图 3-27 《新安海底遗物》图册

（四）"南海一号"沉船——龙泉青瓷成为"海上丝绸之路"西洋线上的开拓者

"海上丝绸之路"西洋航线，经过的国家众多，以明代郑和下西洋的航线为最具影响力。郑和船队大致以太仓—宁波—泉州—占城（越南）—爪哇（印尼）—暹罗（泰

1　沈琼华 . 大元帆影：韩国新安沉船出水文物精华 [M]. 北京：文物出版社，2012.

国）—满刺加（马六甲）—苏门答剌（腊）—古里（印度）—波斯湾为航行线路。其实，波斯湾并不是终点，经波斯湾又分三条线路进行延伸。一是经波斯湾走红海到达北非的埃及、苏丹、利比亚、突尼斯、阿尔及利亚、摩洛哥、亚速尔群岛和马德拉群岛；二是从波斯湾走印度洋到达东非沿岸吉布提、埃塞俄比亚、索马里、肯尼亚、坦桑尼亚、马拉维、乌干达、卢旺达、塞舌尔群岛地区，到达南非、津巴布韦等；三是经波斯湾走印度洋到达阿拉伯半岛的也门、伊拉克、沙特阿拉伯、阿拉伯联合酋长国、阿曼等。

　　"南海一号"是于 1987 年在广东阳江海域发现的一艘南宋早期的贸易商船，由于技术和资金不足，发掘被搁置。1999 年，确定了"整体打捞"的路线。2007 年 12 月，终于以整体打捞的方式平移到广东海上丝绸之路博物馆特制的水晶宫中。该船在水中浸泡了 800 多年，沉船长约 24 米、宽 10 米，是迄今为止世界上发现的海上沉船中年代最早、保存最完整的远洋贸易商船。"南海一号"沉船共发掘出水瓷器 80000 多件，其中龙泉青瓷占 15000 多件，以盘、碗、碟等产品为主，多数产品与金村等地的龙泉窑遗址出土的标本器型纹样相吻合，而根据产品造型、装饰特征和装烧技术判断，基本是属于两宋之际的产品。所以对于龙泉青瓷而言，"南海一号"证明了龙泉窑至迟在南宋早期已经有大量青瓷产品销往世界，开始参与"海上丝绸之路"（或称"海上陶瓷之路"）的开拓；与古文献记载龙泉县令丘括于元祐七年（1092 年）号令疏通龙泉溪，促进龙泉青瓷产品内外销的市场拓展，使龙泉窑在北宋中晚期得到迅速发展的情况相对应。

　　初步探明南海沉船大概有 2000 艘，出口瓷器数量之大难以估量，目前的水下考古还只是发掘了冰山一角。另据明史记载，郑和时代的宝船最长者达 139 米、宽度达 56 米，所载的货物数量更加超乎想象。（图 3-28、图 3-29）

图 3-28　龙泉窑螭耳瓶·元代·韩国国立中央博物馆藏

图 3-29　龙泉青瓷菊瓣碗·宋代·南海一号出水文物·广东海上丝绸之路博物馆藏

（五）格迪古城遗址——龙泉青瓷在"海上丝绸之路"外销业绩中的真实东非"账簿"

2010—2013 年，北京大学考古文博学院与肯尼亚国立博物馆组成的联合考古队在东非肯尼亚马林迪等 5 个遗址考古发掘表明，公元 9—17 世纪，我国瓷器延绵不断地向东非出口。以肯尼亚马林迪的格迪古城（Gedi Ruin）遗址挖掘出土的 1257 件（片）中国瓷器的统计数据分析，从产地看，龙泉窑瓷器共 737 件，占总数的 58.63%。从时代看，元代龙泉瓷器有 256 件，占元代出土瓷器总数的 88.58%；元末明初龙泉窑瓷器 182 件，占该期瓷器总数的 83.87%；明代早期的龙泉窑瓷器有 290 件，占该期瓷器总数的 99.32%；明成化至正德（1465—1521 年）期间，龙泉窑瓷器的数量只有 4 件，占该期瓷器总数的 4%。[1] 可见，元代至明代早期，中国出口的瓷器中龙泉青瓷是最大宗的瓷器产品；而在明成化至正德年间，只是零星出口；正德之后在肯尼亚遗址上就见不到龙泉青瓷的踪影了，外销瓷的主角被景德镇瓷器取代。（图 3-30）

1　秦大树 . 在肯尼亚出土瓷器中解码中国古代海上贸易 [J]. 中国中小企业，2018（10）：61-65.

图 3-30　肯尼亚格迪遗址出土的龙泉青瓷标本

（六）漳州圣杯屿沉船——见证龙泉青瓷扮演"海上丝绸之路"的重要角色

圣杯屿沉船遗址位于福建省漳州市古雷港经济开发区杏仔村东南圣杯屿海域。2022 年 9 月开始，该遗址由国家文物局考古研究中心联合福建省考古研究院进行水下考古发掘。经发掘，该沉船遗址船体已发现残长约 16.95 米，残宽约 4.5 米，发现 9 道隔舱板和 10 个船舱。2022—2023 年，该遗址发掘出水文物 17288 件，除几件散落船板和一件酱釉罐残片外，出水龙泉青瓷文物达 17196 件，占比 99.47%，为目前单船打捞出水龙泉青瓷数量之最。据考证，该船为元代晚期沉船，是"海上丝绸之路"高峰期龙泉青瓷大量外销的典型案例。

船上装载的青瓷为元代晚期龙泉窑产品，器物造型有碗、盘、盏、碟、洗、高足杯、香炉和罐（陶）等，主要是生活类用瓷，但也有不少制作精良的精品；装饰形式有刻划花、模印等，装饰线条与宋代龙泉青瓷相比显得简单、草率；装饰题材有卷草、水波、牡丹、菊花等纹样，其他还有杂宝、双鱼、双凤、五线谱等纹样，具有元代晚期龙泉青瓷的产品特征。（图 3-31、图 3-32）

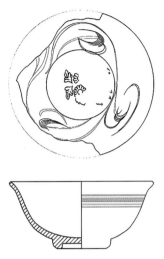

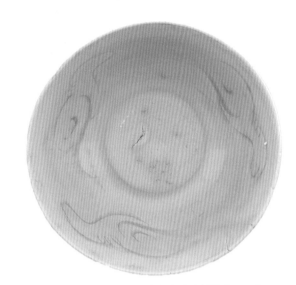

图 3-31　青瓷碗造型与纹饰·龙泉青瓷博物馆提供　　图 3-32　圣杯屿沉船出水龙泉青瓷刻花碗·元代·
龙泉青瓷博物馆提供

　　据专家推测，该沉船可能是从温州港出发前往东南亚地区的民间商船。龙泉青瓷在"海上丝绸之路"不断兴盛发展的过程中发挥重要作用，成为丝路文化内涵和海丝产品的重要支撑。漳州圣杯屿沉船的考古发掘，为研究中国古代与世界开展经贸和文化交流提供了重要的史料线索。

（七）"雪拉同"——风靡世界的龙泉青瓷文化

　　"雪拉同"是由法语"celadon"音译过来的，这个词原本是戏剧中一个男主人公的名字，后来也作为表达"青瓷"的意思。之所以把两者等同于一个词，是因为背后的一个动人故事。16世纪中叶，龙泉青瓷随"海上丝绸之路"流传到欧洲大陆，走进了法国人的视线。一次，在巴黎市长女儿的婚礼上，一位阿拉伯商人把一件龙泉青瓷作为礼物赠送给市长朋友。青瓷作品青如翡翠，莹润如玉，幽雅静穆，美不胜收，无与伦比。市长和来宾们赞叹不已，问之名称时，这位阿拉伯人一时叫不上来。当时，法国正在上演《牧羊女亚斯泰莱》的舞剧，展现牧羊女亚斯泰莱与雪拉同的爱情故事，深受人们喜爱。剧中男主人公雪拉同穿着青色斗篷，非常好看，让人眼前一亮，于是大家就把龙泉青瓷叫作"雪拉同"。当时的法国人认为只有这个名称可以媲美龙泉青瓷。当然从现在来讲，龙泉青瓷以其世界影响力和文化内涵，并不是某个名角所能代言的，而在当时的法国，"雪拉同"是最能表达人们心中对青瓷的认同和赞赏的。我们无法考证这个故事的真实性，但从龙泉青瓷在宋、元、明三朝流传海外的广泛性，龙泉青瓷自北非、阿拉伯等地辗转传入欧洲的必然性，以及当代法国人的亲切感，可见紧密度。目前，法国吉美博物馆藏有数千件宋代至明代的龙泉青瓷作品；凡尔赛宫至今还摆放着大型的元代缠枝牡丹凤尾尊等龙泉青瓷作品。当时法国还没有学会做瓷器，而具有自然美、工艺美、材质美和艺术美的龙泉青瓷确实能符合世人的审美。根据故事的语境，当时的"celadon"实际应该是指向龙泉青瓷或中国青瓷，后来延伸为"青瓷"。

龙泉青瓷在国内外享有极高的声誉。据《大明会典》第一百九十四卷载，当时外销青瓷盘每只就得一百五十贯。收藏和拥有龙泉青瓷被看作身份地位的象征，欧洲萨克森国王奥古斯特二世，不惜重金购买龙泉青瓷，还特地为珍藏的瓷器建造了一座宫殿。[1]

土耳其托普卡比宫珍藏有 1350 件龙泉青瓷藏品，大多与龙泉大窑枫洞岩产品相一致，器型硕大，如大墩碗、大龙盘、执壶、碗、葫芦瓶等。奥斯曼人认为龙泉青瓷比黄金、宝石还贵重，甚至用镶嵌金银的方式来装饰、保护或修补瓷器。到 16 世纪下半叶，装饰和修补瓷器发展已成为当地的一门特色技艺。（图 3-33、图 3-34）

图 3-33　龙泉青瓷大墩碗·明代·土耳其托普卡比宫藏　　图 3-34　大墩碗·明代永乐·龙泉枫洞岩窑址出土·龙泉青瓷博物馆藏

英国大英博物馆、大维德基金会，法国吉美博物馆，德国卡塞尔朗德博物馆，瑞典东方博物馆，澳大利亚维多利亚博物馆，日本大阪市立东洋陶瓷美术馆、东京国立博物馆，韩国国立中央博物馆等几乎世界各大博物馆都藏有丰富的古代龙泉青瓷。（图 3-35 ～图 3-37）

1　叶炜婷．瓷上龙泉——说给世界听的中国故事 [J]．文化交流，2016（9）：16-20．

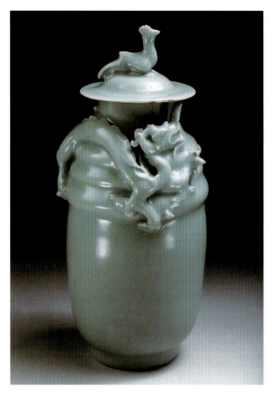

图 3-35　龙泉窑龙瓶·南宋·澳大利亚维多利亚博物馆藏

图 3-36　龙泉窑点彩匜·元代·韩国国立中央博物馆藏

图 3-37 龙泉窑粉青折沿洗、长颈瓶、弦纹瓶·南宋·法国吉美博物馆藏

  龙泉青瓷不仅为"海上丝绸之路"的开拓提供了青瓷商品生产支撑，也为工匠、技术和文化的输出发挥了重要的作用。除带动处州境内各县的窑业发展外，龙泉青瓷还辐射到周边地区，影响到福建、广东、广西，甚至传播到越南、老挝、柬埔寨、泰国、印度、叙利亚、伊朗、埃及等国家和地区，也影响到东北亚的日本、朝鲜。单凭从中国进口瓷器，不能满足各国的需求，于是亚洲各地纷纷开始仿制龙泉青瓷。由简单的产品出口，到窑业技艺的输出，龙泉青瓷促进了中国陶瓷文化的传播，刺激了"海上丝绸之路"沿线国家和地区的窑业发展。

  高丽国是最早从中国学习青瓷制作技艺的国家，唐代时期就开始学习越窑、磁州窑制瓷技术，宋代又受汝窑、龙泉窑的影响，仿制的龙泉窑产品最精。明代曹昭《格古要论》载："古高丽窑器皿，色粉青，与龙泉窑相类，上有白花朵儿者不甚值钱。"[1]

  日本在平安时代，不少窑口也仿制龙泉青瓷，如莲瓣纹盘、菖蒲纹盘、明三足炉，但釉色与龙泉窑相去甚远。

1 曹昭.格古要论 [G]// 李科友，吴水春点校整理.古瓷鉴定指南（二编）.北京：北京燕山出版社，1993：92.

20 世纪在埃及旧开罗富士塔特搜集到一批伊斯兰陶瓷片，其中一部分被确定为主要是马穆鲁克一世王朝时期（1250—1382 年）的仿制龙泉青瓷的制品，色泽呈现出从浅绿蓝到深橄榄绿的多种色调和质感。[1]

据雍正《处州府志》卷十五《大事志》所载，从 1350 年至 1356 年处州几乎连年战乱，有灾荒。浙江陶工乘机出海南下到达泰国并在宋卡洛建窑制瓷。[2]（图 3-38）

图 3-38　泰国仿龙泉青瓷作品·泰国什万沃洛克国家博物馆藏

龙泉青瓷把自身的发展融入"海上丝绸之路"的形成与变迁过程，与人类文明的演进相伴随，参与世界不同地区互补互利的物产和文化交流，为世界陶瓷文明的发展作出了杰出的贡献。

1　Wood N & Doherty C. A Technological study of Mamluk Period imitations of Chinese Longquan celadon wares excavated from Fustat, Egypt [C]. Shanghai: ISAC, 2012: A29.

2　傅云仙 . 中国古代陶瓷和烧造技术在泰国的传播和发展——以素可泰窑和宋卡洛窑为例 [J]. 昆明师范高等专科学校学报，2005，27（1）: 22-24.

第四章

龙泉青瓷的技艺特征

第一节 ∞ 龙泉青瓷的工艺流程

　　龙泉青瓷是传统手工技艺类的人类非物质文化遗产的物质载体。1000 多年来，龙泉的制瓷工匠秉承精益求精的"工匠精神"，不断地传承、学习、融合、发展、创造，集青瓷制作技艺之大成，凝炼成精湛技艺，并代代传承和嬗变，创造出极具实用性、创造性和观赏性的青瓷产品，成为世界陶瓷的典范。英国艺术学家 W. 莫里斯在《手工艺运动》中指出："传统手工艺是人类智慧的结晶、宝贵的艺术财产，是需要在现代社会工业浪潮中继续传承与创新的璀璨芬葩。"[1] 对于当代非物质文化遗产的传承保护和发展而言，古代龙泉青瓷的传统烧制技艺犹如一座宝库，取之不尽、用之不竭。

　　明代陆容曾在其《菽园杂记》中记录了有关龙泉青瓷制作工艺的段落："（大窑）泥则取于窑之近地，其他处皆不及。油则取诸山中，蓄木叶烧炼成灰，并白石末，澄取细者，合而为油。大率取泥贵细，合油贵精。匠作先以钧运成器，或模范成型。候泥干，则蘸油涂饰。用泥筒盛之，置诸窑内，端正排定，以紫筱日夜烧变。候火色红焰无烟，即以泥封闭火门，火气绝而后启。"[2] 这段文字叙述了龙泉青瓷烧制的基本过程，是较早记述这方面内容的文献，涉及取泥、制釉、成型、施釉、装窑、烧成、出窑等工序，特别提到泥贵细、油贵精，候火色等关键信息，寥寥数语，对后人启发至深。（图 4-1）

1　林文婷，王子成. 社会生态系统中传统手工技艺的学校传承模式新探 [J]. 职教论坛，2019（10）：127-132.
2　陆容. 菽园杂记（卷十四）[M]. 北京：中华书局，1935：176.

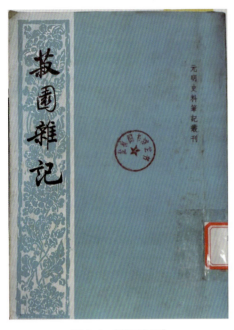

图4-1 《菽园杂记》

在长期的历史演变过程中，龙泉青瓷烧制技艺不断突破和完善。制釉工艺从简单的灰釉改进到加入紫金土的二元配方，创造了如翠似玉的粉青、梅子青釉色；成型工艺从单纯的手拉坯到模范的结合运用，提升了生产力；刻花工艺上从五代的深剔刻、划花发展到北宋以后的"半刀泥"刻花工艺，增强了艺术感染力；施釉技术上在南宋时采用的多次施釉技术，体现了工艺唯美的取向；窑炉从唐代的30米左右发展到宋元时期的50米以上，甚至达到100米，提升了龙窑烧造技术，扩大了产品量产；窑具从泥点、泥饼到垫饼、垫圈、支钉等的革新，改变了青瓷的装烧方式，提高了产品的质量；元代、明代的大件器物烧制技术，提升了对制作极限的挑战能力，也适应了市场多元化的追求。自唐、五代以来，龙泉青瓷在不断创造中得到发展，不断把技术推向新的高度，并在北宋时期基本形成手工制作工艺的生产体系，引领全国青瓷产业的发展。（图4-2、图4-3）

图4-2 泥质垫饼

图 4-3　瓷质垫饼

综合古今，龙泉青瓷传统烧制技艺的流程大致可以归纳为取土、煅烧、粉碎、配料、淘洗、过筛、压滤、陈腐、练泥、拉坯、晾坯、修坯、装饰、素烧、施釉、装匣、入窑、烧成、出窑等多道工序。其中材料的制备包括瓷土和釉土的加工配制。（图 4-4）

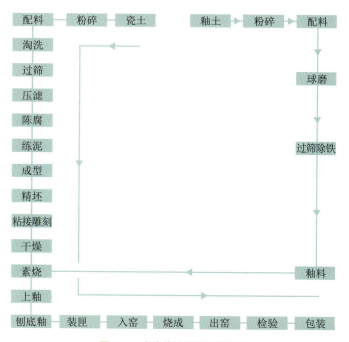

图 4-4　青瓷烧造详细工艺流程

第二节 ∽ 龙泉青瓷成型与装饰工艺

一、龙泉青瓷成型工艺

浙江是青瓷的发祥地。汉以前的原始青瓷大多采用泥条盘注的成型方法，特别是一些器型较大的青瓷制品，如上虞出土的汉代印纹陶垒、瓿等。其装饰纹样多采用花纹木拍拍印方法出现的自然纹样。只有小件的造型如碗、盏才采用快轮拉坯成型，说明该时期拉坯成型技术还不强。

东汉以后，随着青瓷技术的成熟，拉坯成型技术被广泛使用，器物的造型和装饰更加丰富。南朝以后至唐代，出现龙窑匣钵套烧的技术，龙泉窑晚唐黄坛窑址就出土了匣钵。匣钵的出现，与成型技术的提升相统一，因此拉坯成型工艺在当时稳定地发展，生产的青瓷器型更为规整。到北宋中期，龙泉青瓷突破越窑影响，吸收了北方制瓷的经验，成型工艺技术自成体系，创造了许多新的造型，如胆瓶、直颈瓶、鹅颈瓶、盖瓶、盖罐、盖碗、鼎炉水盂、灯盏、双层碗（俗称孔明碗）等器型，渐渐地形成了鲜明的艺术风格。南宋时期，龙泉青瓷在胎质和釉色方面有了显著改进，一是对釉色的极致追求，甚至把釉本身作为装饰，开创了多次施釉的技术，使釉色晶莹润澈，沉着柔和，色泽伶俐而不漂浮，达到"如翠似玉"的艺术效果；二是器物造型倾向于精致端巧，简约大方，形式新颖的品种大量涌现，如盘、碗、杯、碟、壶、罐、洗、炉、钵、觚、豆、水丞、笔筒、印盒、粉盒、渣斗、灯台、香炉、鸟食罐、砚滴和塑像等餐具、茶具、文房和陈设品无不具备，可谓丰富多彩，是前一阶段无法比拟的，达到实用与美观的统一。[1] 当时的成型技艺达到一个新的高度，多种成型方法在一件作品上同时使用，对器物的形态极为讲究，线条流畅、造型简洁，如龙虎瓶的瓶身是拉坯成型，龙、虎构件则是捏塑成型后用泥浆进行粘贴；双螭龙瓶、双鱼洗等的龙、鱼构件则采用模压印成型。元、明时期，在成型工艺上又有新的突破，体量上大大增加。当时能生产直径80厘米以上的青瓷大盘和高度1米以上的青瓷大花瓶。大花瓶采用分段拉坯成型方法，先将各段坯体分别拉坯完成，再用泥浆粘接完成，修坯完整。如此对每段的厚度、体量和吻合度具有很高的要求。青瓷大盘则采用拍印坯成型，要求盘子各

1　朱伯谦 . 龙泉青瓷简史 [C]// 浙江省轻工业厅 . 龙泉青瓷研究 . 北京：文物出版社，1989：94-95.

个部分的厚度均匀，盘底部分略厚，起到支撑作用，减少变形，此外还会在盘中堆雕各类花果加以装饰，使器物造型更加美观。当代龙泉青瓷在传承传统工艺的基础上融古出新，不断创新发展，一些新的成型工艺和装饰技法不断涌现，呈现出更多元化的新格局。

（一）拉坯成型

拉坯成型是龙泉青瓷传统制作技艺中最基本、最核心、最重要的组成部分。拉坯成型具有很强的手工制作性、技能性和艺术性，其制作过程不仅具有规范性，也因其人与物、艺术思想与技艺操作的对话环境，而具有较强的创作灵活性，因此特别有魅力。在非物质文化遗产保护的背景下，手工拉坯成型的方式既被青瓷艺人钟爱，也受到广大青瓷爱好者和市场的热捧。

龙泉青瓷拉坯成型主要环节包括揉泥、拉坯、修坯等几个过程。

揉泥是拉坯成型的第一关，是以手工方式对泥料进行再加工。其作用在于：一是对黏土进行反复揉压，排出泥里面的空气；二是增加泥料的致密度和可塑性；三是提高成品率。揉泥看似简单，却不可小视。如果泥中有空气未排干净，会影响到拉坯的操作过程，又因为龙泉青瓷要在1200～1300℃的高温中烧成，如果泥里有空气，就会产生破裂、跳釉、变形等问题，影响到生产效益。青瓷艺人一般采用"羊头揉""菊花揉"两种方式。"羊头揉"是用双手扶泥团向里挤压和向正前方揉压，揉压过后形似羊头，一般适宜揉小块泥料；"菊花揉"是一手为主、一手为辅，从边缘向里翻转揉压，一边翻转，一边揉压，形成自然的菊花纹，一般在揉大块泥料时使用。（图4-5、图4-6）

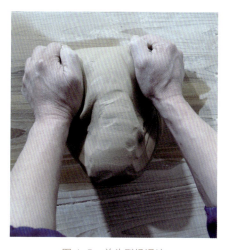

图4-5　羊头型揉泥法

图4-6　菊花型揉泥法

图 4-7 拉坯成型

拉坯是将事先揉好的泥料放在坯车上，采用轮制来塑型的一种方式。古代采用脚力推动或手持木棒转动的辘轳车。现在都用电动拉坯机，其与传统辘轳车相比，具有转速快、转速稳定、转速可控等优点。其原理都是利用坯车轮的转动所产生的惯性力，以及转动泥料产生的离心力，而双手围绕中心点紧护泥料，通过双手挤压和拉伸运动，使泥料在可塑的范围内形成一定形状和尺寸的坯件造型。关键要把握三个环节：一是拉坯成型的关键是把泥料放置在转盘的中心位置，定好中心是重中之重；二是开口，对准中心往里扣，注意底部的厚薄；三是拨高，充分发挥主观能动性，把好造型，注意胎壁的厚薄。（图 4-7）

修坯是陶瓷成型过程中的重要一环。其目的是对所拉粗坯的整体造型进行修饰，对结构细节进行精修，使造型更加流畅、结构更加明确和清晰，表面光滑、规整一致，符合一定的审美要求。

图 4-8 修坯工艺

修坯一般在坯胎半干状态下进行，利用坯车旋转，进行内外旋削，因为坯体在半干状态下有柔韧性，修坯刀不会伤害到坯体。修坯时要注意坯体厚薄均匀，注意造型上的关键力学支撑结构点的处理，确保坯体在高温烧造下的成功率。修坯也不要过度，要从总体上尊重作品的原始创意。（图 4-8）

拉坯成型的方法，早在新石器时代就已经出现，如仰韶文化中就有用慢轮辅助成型的方法制作陶器；后来出现快轮拉坯，器型更加稳定、规整。拉坯成为陶瓷造型工艺的主流方法。拉坯成型是利用辘轳车的转动，提高了生产的效率，是中国古代科技发展和陶瓷文明进步的产物。辘轳在宋代的运用最为突出，这大概也是对宋代制瓷业的繁荣起到了巨大作用的一面。

（二）模具成型

模具，历史上又称为陶范，亦称"印模"。模具成型由来已久，但很难确定具体的上限。从拍打的纹饰、袋状的造型等可以判断在新石器时代，模具成型制法已经得到运用。经考古发现，春秋战国时期我国部分彩绘陶器有明显全身模制痕迹，这是最早可查的整体模制器物。[1] 秦兵马俑的分段模制粘合成型技术已相当成熟。汉以后，青瓷技艺开始成熟，模具成型技术也逐渐被广泛使用。北宋龙泉窑的青瓷器底上经常印有"河滨遗范"的纹样，可见龙泉青瓷快速发展的北宋时期已经开始大量使用模具成型的方法进行生产，促使龙泉窑的窑业规模迅速扩大，生产能力大大提高。龙泉窑在北宋的大发展，与模具成型在青瓷产业发展中的运用是分不开的。而且模具成型不仅用于制作器型的主体，也应用于器物的构件制作和纹样装饰，如模具被运用到流、把、钮、耳等一些部件的设计制作，发展了粘花、印花、浮雕、堆塑等技艺，还用于制作一些圆形器、方形器、异型器。因此，当代一些人对于手工拉坯生产的是传统非遗产品，而模具成型就不是传统非遗产品的认识，是失之偏颇的。

最早的陶瓷模具所用的材料是陶土，后来采用了瓷质素烧模具，更加耐久和稳定，宋、元、明龙泉窑就大量使用了瓷质模具。石膏模具出现较晚，有史可查的可能要追溯到民国时期的景德镇陶业学堂。

模具成型是龙泉青瓷主要的生产制作方法之一，具有可反复使用而低成本、宜批量化生产、效率高、易操作、规整度高等特点，在古代批量制作和现代产业化中都被广泛使用。其实，拉坯成型和模具成型只是方式不同而已，都是古代制瓷艺人在长期实践中发明的技术，是技术和艺术的结晶，都是宝贵的非物质文化遗产。如北宋、南宋时期的许多方形器，都是采用模具分段压模后再粘接而成的，如龙泉哥窑石榴瓶就是采用这种方式做的经典产品。

根据坯泥的材料特点，模具成型分为压制成型和注浆成型两种基本制作形式。

1　闫飞.浅谈陶瓷模具成型[C]//杨晓阳，韩美林主编.2005首届国家陶艺教育研讨会论文集.西安：陕西人民美术出版社，2005：223.

1. 压制成型法

坯料在柔软的固体介质状态下压制成型的方式，具体有滚压、刀压、印坯等方法。滚压、刀压成型因为有外在的物理压力，能使坯胎更加致密，成功率好、效率高，适合日用瓷的工业化生产，但主要适合于浅腹敞口圆形器。刀压成型是利用旋转的石膏模具与上下运动的样板刀挤压来实现成型的；滚压成型是指利用现代滚压机滚头与滚筒相互旋转挤压泥料并使其沿石膏模具内壁自下而上运动来实现成型的，其最大的优点在于能有效地控制泥坯的大小，提高效率，降低劳动强度与减少劳动时间，在龙泉青瓷的批量生产中得到了广泛运用。滚压成型工艺是现代制作龙泉青瓷较为普遍的工艺，它具有速度快、不易变形、容易掌握等优点，是实现龙泉青瓷批量生产的重要手段之一。滚压成型的局限性是仅适用于口径较小、内型较深的器型；同时在使用时，石膏模型转速不能过快，不然模具容易被甩出造成伤害或损失。（图4-9）

古代龙泉青瓷的方形器、异型器及小部件多用印坯的方式制作。方形器和异型器往往分成几个部分印坯，然后再粘接成整器。当代一些仿古高手和非遗传承人还常使用这种方法进行制作。

图4-9　压制成型

2. 注浆成型法

坯料在稠乳状的液体介质状态下用注浆成型的方式，根据压力不同，具体有常压注浆和高压注浆等方法。常压注浆是在一个大气压的状态下，在石膏模中注入配制好的浆料，靠大气的压力和石膏的吸附力自然成型。其特点是可复制较复杂的产品，投入少，放置空间可灵活调整，但具有干燥慢、周期稍长、烧成收缩比大、易变形等缺点。高压注浆则需要配备专门的注浆机器设备，利用高压使胎体结构更加致密，干燥后的收缩比小，成品率高，但是投入的成本较大，操作也较复杂。

　　根据模具不同，具体的注浆法又有空心注浆法和实心注浆法。空心注浆法具有产品形态规范、统一、轻巧、省料等特点，比其他注浆法更加轻巧，解决了青瓷作品较重的问题。但是注浆成型工艺也受到模具工艺的限制，产品形态单一、造型简单。实心注浆与空心注浆相比，翻制模具所耗的材料更多，所占的空间更大，一般件小的器物或配件才采用此方法，比如壶把手等配件。所以两者经常会结合使用。（图4-10）

图4-10　注浆成型

（三）泥条成型

　　泥条成型是人类最早掌握的陶瓷造型方法之一。在古人发明辘轳车和拉坯工艺之前，泥条盘筑法被广泛使用，其特点是可以制作较大型的器物，比如大缸、罐子等。其造型想象力表现比较自由，作品独一无二，造型生动自然，具有不可重复性。泥条成型不需要借助拉坯机或模具，它更多的是制作者通过对形体、空间的协调把控来完成，泥条盘筑所留下的手工痕迹和自然的纹路肌理，形成特殊的装饰效果。这种最古老和最传统的成型方式，在当代的陶瓷艺术创作中仍然受到陶艺家们的青睐，成为陶瓷艺术的创作手段之一。

　　泥条盘筑法有两种，即单环盘制和连续盘制。单环盘制是一环为一单元，层层叠加盘筑成型；连续盘制是泥条不截断，首尾相连，如盘山公路连续盘绕而上盘筑成型。成型后，有的陶艺家会尽力保留泥条盘筑过程中自然形成的初始形态和结构关系，充分展现原有的肌理效果，体现自然的结构美和装饰美。也有许多创作者会将泥条痕迹进行修整处理，不留纹理，有时甚至看不出作品是否为采用泥条盘筑完成，仅作为一种成型的手段。此外，也有的创作者在制作大件器物时，会采用拉坯和盘筑相结合的办法，在拉坯到一定高度后，进行泥条盘筑，然后继续拉高，使器物达到一定的体积。（图4-11）

图4-11　泥条盘筑成型·波兰·帕罗伍斯基作品

泥条盘筑法所呈现的艺术特征表现为严谨性与自由性的统一、感性与理性的协调、传统性与现代感的融合。虽然从头到尾一气呵成，但不是创作者肆意宣泄，而是在一定理性思想下，依靠较强的空间把控能力和手工制作能力完成的。它不同于拉坯所体现出的流动性、柔软性和迷离性，也不同于泥板成型的敏感性、脆弱性和冷峻性[1]，它是严谨中带有自然的语言。

（四）捏塑成型

捏塑成型是利用徒手捏制形式把软性材料捏制出造型的一种陶瓷制作方法，是一门手工制作性较强的陶瓷成型技术。

自世界上有了陶器开始，捏塑技法就相伴而生，以此技术创造的捏塑作品，或以图腾信仰，或以实用器皿，或以装饰等为功用的产品，与人类生活息息相关。上古时期我国先民已开始徒手捏塑，制作瓶、罐、釜、盆、鬲等实用器。古人为了提高器物强度，往往会使用带有绳纹、方格纹的工具在外壁进行滚压或拍打并留下印记，进入商周后发展为印纹陶。原始社会中晚期出现轮制工具以后，一些圆形器物的制作逐步

1　蔡其乐.以泥条盘柱技艺为例谈手工制瓷的现代价值 [J].陶瓷研究，2013（z2）: 22.

被泥条盘筑工艺取代，一些小件异型器或器物上的辅助配件被模印工艺取代。[1] 汉代的陶俑，三国、两晋、南北朝的堆塑，唐、宋以后的手工加压制结合的各种捏塑品，也都运用了捏塑技术。龙泉青瓷自五代、北宋以来，大量运用捏塑技术，如壶嘴、流、把手、盖钮、系钮及器型装饰等都有精彩的表现，主题包括花草植物、飞禽走兽、生活百态、宗教人物等，内容形式丰富多彩。北宋五管瓶上的盖钮、水鸭、小鱼等，南宋龙虎瓶的盘龙、卧虎，元代牡丹瓶的缠枝等都是手捏之作。尽管古代的制瓷技艺多样，但是此技艺一直沿用至今。现代青瓷艺术家也会采用捏塑的方法来表达自己的创作理念。（图 4-12）

捏塑手法相对比较原始、简单，但对于造型的精准性和艺术性，其实也有较高的要求。它要求对形体作高度的概括和抽象，要求创作者有一定的造型能力和审美能力。古代艺人熟能生巧、技艺精湛，留下了许多经典之作。从工艺把握上，大件陶瓷作品的坯体要空心，并要有通气孔，这样在烧制过程中才不会产生炸裂。

捏塑成型技术形成了自身的特点：一是塑造性强，可以塑造复杂、多变的造型，灵活地塑造形象；二是表现力强，往往随手捏来，生动自然，富有情趣；三是操作简便，简单易学，不需要任何复杂工具，只要

图 4-12 捏塑成型

备好泥料就可以塑造了。但是用捏塑工艺制作的陶瓷，也会出现器壁薄厚不均的情况，特别是器物的内壁平整度较低，看上去高低起伏，还常常留有制作者的指纹或指甲印迹。器物的外壁一般经过压光、擀光修整后，可以做到基本平整。[2] 也有陶艺家根据创意刻意保留制作痕迹来体现特殊的效果。

1　毛晓沪.古陶瓷鉴定学·总论卷 [M].北京：中国社会科学出版社，2010.
2　钦州坭兴陶文化调研课题组.钦州坭兴陶文化调研报告 [J].歌海，2015（2）：110.

二、龙泉青瓷装饰工艺

装饰是陶瓷艺术的重要组成部分，也是重要的文化载体，从中能反映出陶瓷文化类型特征、历史风格流变、审美价值取向、工艺技法特点等。

龙泉青瓷装饰工艺是一座装饰艺术的宝库，技艺独特，形式多样，内涵丰富。总的来说，龙泉青瓷装饰工艺有釉装饰和胎装饰两种。它既博采众长，又独具特色，不同时期呈现不同的特点。唐、五代初创期，龙泉青瓷以学习越窑、婺州窑、瓯窑的装饰技艺为主，如越窑的划花、浅刻花和深剔刻等手法，婺州窑的堆塑、折边装饰等手法，瓯窑的淡青釉与点褐彩装饰等手法。但是，这一时期技法还不很娴熟。北宋时期，在青色透明釉的工艺技术条件下和宋人追求精致的审美背景下，龙泉青瓷把刻划花装饰表现得淋漓尽致，技艺达到炉火纯青的地步。北宋划花精细并带有写意；发明了"半刀泥"刻花技术，以刀带笔，点中有线，线中带面，深浅、长短、宽窄、快慢收放自如；又发明了篦划纹装饰技法，增强了图案美感和丰富性；堆塑技艺也有新的突破。南宋时期追求简约之风、谦和之雅，龙泉青瓷纹样装饰大减，以青釉素面装饰为主，一些器型以捏塑或压制成型的造型部件进行粘接和堆塑装饰，出现了不少露筋装饰的产品；更值得一提的是开片装饰技术，极具特色，开辟了青瓷美学的新境界。元代疆土地域广阔，海内外、各民族文化交融，装饰形式趋多元化，集青瓷装饰工艺大成，如划花、刻花、印花、露胎、贴花、堆塑、镂空、剔花、点彩等，应有尽有。明代则基本沿用了元代的装饰风格，装饰水平与宋元相比则稍有逊色。明早期洪武、永乐时期生产的龙泉青瓷官器在刻花风格上又有了新的突破，在厚釉的工艺技术条件下，刻花刀法依然清晰有力度，创造了饱满、朴茂的装饰风格，受到朝野上下及海内外的喜欢，产品远销世界各地。清代龙泉青瓷衰退至低谷，装饰工艺不尽如人意，难能可贵的是尚得一脉相承，坚持了青瓷装饰本色和文化基因。民国时期开始，出现小规模仿制南宋及元代风格的青瓷，但刻花装饰薄弱。新中国成立后，龙泉青瓷开启了"上垟时代"，龙泉青瓷的装饰技艺逐渐得到全面的恢复和振兴。在非物质文化遗产保护与发展的背景下，青瓷艺人们在保护的基础上，不断地传承和创新发展，创造了哥弟窑绞胎、哥弟窑洒浆混合技法和开发运用了跳刀装饰技艺，拓展了开片装饰技艺的形式，运用了3D打印等现代技术的装饰手法，把青瓷装饰技艺推向新的高峰。

综上所述，龙泉青瓷传统的胎装饰工艺主要有划花、刻花、印花、贴花、剔花、镂空、浮雕、堆塑、点彩、露胎、开片等装饰手法；釉装饰主要采用多次施釉的方法，开创了粉青和梅子青两大釉色系列，由于烧成温度和窑内气氛的不同，又演变出米黄釉、灰青、淡青、豆青、蟹壳青、天青、翠青等多种釉色。

传统装饰题材也是多种多样，包括：①花卉装饰纹样，有团花、荷花、荷叶、缠枝牡丹、蕉叶、莲瓣、桃子、三叶、竹枝、荔枝、水草等纹样；②动物装饰纹样，有鱼、鸭、虎、龟、鹤、鹿、狗、鸡、蟋蟀、十二生肖等纹样；③吉祥装饰纹样，有龙、凤、云气、四如意、八宝图等纹样；④文字装饰纹样，有"河滨遗范""金玉满堂""昆山片玉""美酒飘香""清河""福""禄""寿""禧""顾氏""文武双全"等纹样；⑤宗教装饰纹样，有八卦纹、佛像、道仙、金刚杵等纹样；⑥抽象纹样，有折扇、篦纹、水波、锥刺纹、弦纹、五线纹、方格纹等纹样；⑦人物装饰纹样，有婴戏图、李白观书卷、韩信武之才等人物故事装饰纹样。

以下介绍几种主要的装饰手法。

（一）划花

划花是在龙泉窑中出现较早而常见的一种装饰手法，指利用竹针、木针、铁针和篦梳状工具等在半干湿状态下的器物坯胎上浅划出线形纹样的装饰手法，有些类似于国画的白描。

龙泉窑的划花装饰技法开始出现于五代和北宋早期，此时受越窑的影响，龙泉青瓷多采用划花来装饰瓷器。但是相比之下，越窑的划花线条更加严谨，而龙泉窑的划花线条显得更加奔放和写意。北宋中晚期以刻花为主、划花为辅，经常在刻划纹样的辅助线或篦纹中使用。南宋早期有篦纹与刻花配合使用，南宋中晚期基本不出现划花装饰。元代多种装饰手法综合运用，又出现一些辅助性的划花线纹。明、清和民国时期极少运用。

因为划花是用针尖划出的，所以线条较细、较浅，纹样造型要求高，线条要求精准到位。一些偏写意的线条，首尾顾盼，具有书法的节奏和韵味。早期的线条精细，越晚则线条越粗，有向刻花转变的迹象。五代时期龙泉青瓷呈现淡青釉。北宋时期呈现较透明的青釉，釉层较薄，划花装饰与釉色相得益彰，纹样清晰爽快，釉色明亮剔透。划花装饰纹样造型简练，线条灵活多变，自然朴素大方。（图4-13）

图4-13　划花装饰

（二）刻花

刻花是龙泉窑青瓷最具特色的装饰手法，分为阴刻和阳刻两种。

阴刻是以竹木刀具、金属刀等制作工具在半干湿状态下的器物坯体上刻出线条和图案纹样。龙泉青瓷采用"半刀泥"的阴刻法，即刀锋呈一定角度斜切入，刀锋一侧深、一侧浅，线条形成一个有宽窄变化的斜截面。由于刻痕有深浅的差异，施釉烧成后，刻痕深凹处积釉多则色深，浅薄处积釉浅则色淡，形成釉色深浅不一的变化，具有水墨效果。

阳刻所用的工具材料与阴刻相同，区别在于阳刻要把图案纹样凸出来，把图案两边的坯胎刻深，削去一层。施釉烧成后，图案两边积釉深，通过明暗对比突出图案纹样，具有浮雕的效果。

"半刀泥"刻花技艺大致在北宋中期成熟，北宋晚期至南宋早期达到鼎盛，南宋中晚期使用乳浊釉，釉层厚，追求如玉的效果，刻花失去意义，刻花装饰几乎不用。元、明、清时期，刻花重新流行，阴刻技艺不如宋，但是阳刻技法大量使用，得到繁荣。元、明时期，龙泉青瓷海外销量增加，阳刻的写实之风，也许更能在海外得到共鸣。

刻花装饰技法，关键在于运刀方向和力度上的把握。直刻、平刻、斜刻都会产生不同的效果。直刻和平刻往往用于阳刻，图案形式立体感强，层次分明，结构硬朗，风格写实。斜刻，又被称为"半刀泥"，主要用于阴刻。斜刻的角度不断地处于变化之中，趋于直刀就接近于线条，趋于平刀斜面就宽。以刀代笔，运刀走线在方向和力度上不断地变化，产生抑扬顿挫、勾挑翻转、轻重缓急、曲直刚柔、疏密虚实、深浅明暗等变化，极富美感。两宋之际，是"半刀泥"刻花水平最高的时期，精准的刀法、简约的纹样、精美的构图、舒展的线条、含蓄的釉色、水墨的意境，耐人寻味，具有很高的艺术价值。（图4-14）

图 4-14　刻花装饰

（三）镂空

镂空亦称"镂花"或"镂雕"，其方法就是根据设计好的花样，刻出浮雕状的图案，并且把图案之外需要的空间进行透雕切除，只留出图案纹样的装饰手法。这种手法一般也是在半干的坯体上进行的，以免刻爆。因为操作时间长，在坯体比较干燥的情况下，就要喷雾气、喷点水再进行镂刻。镂空部分是不能恢复的，一旦镂空就无法改变原有的设计，因此要十分小心，镂空前必须有缜密的构思，勾勒好图案。所用刀具要求尖锐，增强刀尖镂刻强度不会影响周边结构，防止坯体破裂。

陶瓷镂空装饰是古老的装饰技法之一。早在新石器时代，就有了镂空装饰的审美和运用，出现了在诸如高足杯、陶豆等器皿上镂刻出圆形、方形、菱形、三角形等几何图案，如大汶口、河姆渡、龙山文化等。夏商以后，随着青铜文明等人类文明的发展进程朝着多元化的方向发展，镂空在其他工艺美术领域中得到了广泛的应用和普遍的审美认同，不断革新与创造，得到了系统性发展。

龙泉青瓷在五代和北宋初期开始出现镂空的装饰方式，如高烛台、豆、盏托等，以三角形、方形和菱形等几何纹样进行透雕。元代、明代龙泉青瓷用镂刻技法装饰的产品较多，多见于瓶、熏炉、笔筒、器座、瓷凳、盒等器物。纹样装饰更加丰富，除几何纹样外，更多地运用了草木、花鸟、山水、吉祥等图案，如花朵、凤草、云纹、水纹、如意、蝙蝠等，图案轮廓柔和，题材更贴近生活、贴近民俗，富有寓意。上垟时期的青瓷玲珑灯，创造了青瓷镂刻装饰新的审美样式。熏炉、豆、器座、烛台、玲珑灯等都是实用与审美的完美结合，是生活用瓷艺术化和艺术用瓷生活化的生动写照。（图4-15）

图4-15　镂空装饰

（四）堆塑

堆塑是指在已经拉坯成型的坯体上，再堆贴上以捏塑、模印、雕塑而成的人物、动物、亭台楼宇等部件进行装饰的手法。

早期的堆塑青瓷器皿多见于龙泉窑周边的越窑、婺州窑和瓯窑，在浙江地区汉六朝出土的青瓷器物中，堆塑瓶是具有代表性的造型之一，反映的题材大多与宗教、民间信仰和民间丧葬习俗有关。有将堆塑罐称为"佛瓶"，以作皈依之用，也有天、地、人三层布局的飞升天界的道教思想，以及"事死如生"的儒家厚葬之礼，饱含了佛教、道教和儒家思想的多重意味。罗宗真在《魏晋南北朝考古》中把堆塑罐分为楼阁庭院式、谷仓式、庙宇式和丧葬仪式四种特别类型。[1] 堆塑一般认为源于汉代的五联罐，而龙泉窑在北宋时期演进为各式各样的五管瓶。五管是个概称，亦有六、七、十管，乃至更多管的。管呈圆形、方棱形、瓜棱形等，均匀堆塑于瓶的肩部。瓶体经常刻有莲瓣纹或折扇、篦纹等，也有瓶体捏成七层结构关系的水波纹。瓶上有盖，造型整体简约抽象。与其他窑系相比，龙泉窑五管瓶在青釉配制技术日益突破的基础上，造型和装饰更加美观，表达意味更加含蓄而不那么直白，极具个性特征。有人认为，龙泉五管瓶的出现是龙泉窑成熟的标志。进入南宋以后，龙虎瓶取代了五管瓶，五管改为龙和虎的捏塑部件，盖上也增加了狗、鸡、卷云等捏塑部件，因南宋发明了乳浊青釉，坯体除偶有浮雕莲瓣纹之外，一般少刻划。墓葬出土的龙瓶、虎瓶一般成双成对出现，其功能依然是作为明器之用，表达的寓意也与佛、道、儒思想相关。（图4-16）

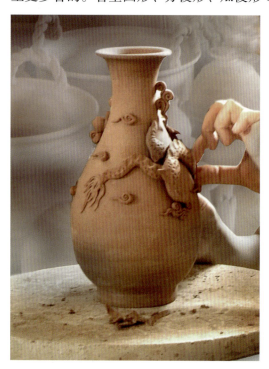

图 4-16　堆塑装饰

1　罗宗真. 魏晋南北朝考古 [M]. 北京: 文物出版社，2001：189.

（五）印花

印花是指用预先雕刻有装饰纹样的模具在半湿状态下的瓷坯上，通过压印或拍打方式，印出装饰纹样的工艺手法。

龙泉青瓷的印花装饰始于五代至南宋早期，主要是简单的文字底款的印花，而且主要是用阳模印阴纹的文字纹样，还有许多方形器上和瓷片成型的瓷板上也有阳纹印花。印花阴纹的有"河滨遗范""昆山片玉"等一些陶瓷颂词，也有"金玉满堂"等吉祥语，还有"齐玉道玺"等物主底款等。印花阳纹的有六边印花洗等。但是这一时期主要流行的是阴纹刻花。南宋中晚期后，因施厚釉工艺，不见印花装饰。元代和明代，随着国内外市场对龙泉青瓷需求扩大，印花装饰使用较多。因手工刻划花不能满足市场需求，印花技艺得到发展并广泛地运用，成为较普遍的一种装饰手法，出现了"印章形""蘑菇状"等各种范具，用于碗、盘、碟、盒、笔筒及各种方形器皿中。印纹图案非常丰富，有文字、缠枝、花卉、双鱼、龙凤、鹤龟、云水、人物故事、十二生肖、佛仙等。印花工艺具有操作过程简单、省时省力、方便快捷、统一规范、生产力高等特点，大大提高了古代青瓷产业化的发展水平。

印花首先要做印模范具。龙泉青瓷印模范具有两种：一种是模子为阳，印痕为阴；另一种是模子为阴，印痕为阳。范具要根据器皿的造型进行设计制作，依器皿的胎壁曲线和曲面形状大小精心安排图案。古代龙泉青瓷的范具制作一般采用当地的细瓷坯，把纹样拓印到范坯上，再镌刻出纹样，晾干后再以 1100 ～ 1200℃高温素烧而成，范具要保持一定的硬度和吸水率。范具完成即可进行印花。（图 4-17 ）

龙泉青瓷印花的方式有印戳印花和模子印花两种。印戳印花都呈小块平面状，花纹也比较简洁，范具类似图章，使用方便，但是也有较大的局限性，一般只能装饰器物的局部，多用于盘、碗、洗等器物的底部，纹样以团花、文字、八宝、小动物、双凤以及各种折枝花卉为常见。印戳印花要求四平八稳，不然容易造成一边深一边浅，浅处纹样会模糊，失去规整性。

图 4-17　印花装饰

模子印花用于碗、盘、碟等中小型圆形器的胎壁，印模有钵形模和对合模之分。在印制过程中，先将范具固定，扣上坯体，轻按咬合，再进行均匀和有规律的拍打，范具与坯体不能松动，避免纹样轮廓线受损或产生纹样重叠或移位现象。好的印花接近刻花和浮雕的效果。

按印花装饰的样式，印花可分为全器印花、局部印花等样式。全器印花布局饱满，多用于盘、碗等器物，题材以缠枝四季花卉等为常见。局部印花在各类器物中都有使用，题材和纹样丰富，多印于器内底部或外侧。局部印花中还有开光印花的形式，主要使用于罐、盘及一些方形器，有奔鹿、杂宝、花卉等图案。开光印花与露胎印花结合使用时，一般都作露胎印花的辅助纹饰。

印花虽具有特殊的装饰意蕴，但是对工艺比较讲究，特别是在比较薄的坯体上印花应注意湿度和压印的深浅，一般不宜修改，最好一次完成，并且注意装饰纹样的布局和排列。

（六）贴花

贴花是将模制或捏塑而成的同瓷质的浮雕纹样粘贴到瓷坯上进行装饰的手法。贴花与堆塑的装饰手法类似，粘贴前需制作好纹样或部件，再进行粘贴。但贴花造型一般为浅浮雕形式，而堆塑造型为深浮雕甚至圆雕的造型。龙泉窑贴花纹样相当丰富，包括各种人物、动物和花卉造型。

瓷器贴花工艺早在六朝时期就开始普遍使用，隋唐时期的纹饰花样和粘贴技法更加成熟。[1]龙泉青瓷南宋时开始运用贴花装饰，但是纹样较少，多见于洗中贴双鱼花，小盏中贴梅花纹，也偶有发现盘中贴桃子瓜果纹的。南宋时施厚乳浊釉，改变了北宋的刻划装饰工艺，改用粘贴装饰工艺。元代贴花工艺的运用更为广泛，技法更加熟练，并在明代得到繁荣和延续。元代龙泉窑贴花纹样丰富多样，并能因器型而异，巧妙地安排布局，贴上各种图案。如在大盘、罐、玉壶春瓶、四系扁瓶等器型上贴龙纹、凤纹、云纹；在盖罐、尊、香炉上贴缠枝、团花；在盘、罐、炉上贴鼓钉；在八角梅瓶的开光处贴佛仙造型；等等。一个器物上有单一纹样的贴花，也有多种纹样综合运用的。如牡丹凤尾尊的颈部是菊花，腹部是缠枝牡丹，底部是莲瓣，颈部的菊花为纵向结构，圆腹部的缠枝牡丹是横向构图，底部外轮廓向里收紧而用纵向结构的仰莲莲瓣来装饰，组合非常和谐美观。（图4-18）

---

1 邢舒良.龙泉青瓷贴花纹饰 [J].东方收藏，2016（7）：86.

图 4-18　粘贴装饰

贴花方式分施釉贴花和露胎贴花两种。施釉贴花是贴花后整器施满釉烧制，因贴花有浮雕效果，贴花处有厚度，烧成过程中，由于釉的流动性，釉自然向四周流动，贴花部分釉层薄，周边深，形成明暗对比。露胎贴花是元代龙泉青瓷独特的装饰技法，利用胎中的氧化铁在烧成最后阶段经二次氧化形成红褐色泽，使贴花与龙泉的青釉形成色彩上的冷暖对比，达到生动的装饰效果。元代的荔枝盘，形如一枚坦张的绿叶，中间结着一颗鲜红的荔枝，实现了形式与实用的完美结合；上海博物馆收藏的折枝三桃盘，菱花边，浅腹，盘面贴折枝三桃，枝叶苗壮，果实丰满，富有生气，栩栩如生。双鱼洗中的双鱼贴花有的满釉，有的露胎，露胎鱼洗可谓龙泉窑装饰的一大特色。

贴花装饰工艺要求所贴的装饰纹样必须和坯体完全结合，纹样与坯体粘贴时要把握两者同样的干湿度，否则会在干燥或高温烧制时脱落或撕裂。在上釉时，也要考虑表现图案浮雕效果的需要，把握釉的厚薄，保持既对比又统一的整体装饰效果。

（七）剔花

剔花装饰工艺，指在半干湿的坯胎上，预先构思勾勒图案，使用竹刀或金属刀等工具，剔去图案之外的坯层部分，以凸起花纹的陶瓷装饰手法。在龙泉当地，"剔花"也称为"雕花"。

剔花工艺有剔坯、剔釉、剔化妆土等不同形式。剔坯是在图案边线直刀切入，然后向图案外部剔去一层坯，形成凸出纹样，它是运用最为广泛的剔花手法；剔釉是指已刻有纹样的器物整体上釉后，剔去图案部分的釉，使图案露出；剔化妆土的手法在古代龙泉青瓷技艺中没有出现，是当代一些青瓷艺人借鉴古代磁州窑、吉州窑等技艺，尝试在青瓷坯胎上先刷一层紫金土，或德化白泥，或其他色泥，再用剔花手法进行装饰，坯体和图案形成色差，呈现图案，创造了龙泉青瓷装饰的新意境。龙泉青瓷的剔花工艺始于五代或北宋早期，主要学习越窑的风格，出现一些剔莲瓣纹和剔结构线——"筋"。如盘口瓶、五管瓶、盏托等器型上的莲瓣，盘口瓶上的剔筋，都是以剔刻的手法刻出莲瓣纹样和筋线，同时配以刻划花，北宋中晚期以刻划花为主。南宋时期追求造型简约、饱满、流畅，剔花的手法呈现不同的特色。如鬲式炉的三足"露筋"、瓜棱执壶的"棱筋"、莲瓣盖碗的莲瓣纹等都是用剔花手法完成的。说是露筋，其实是含而不露、露而不跳，凸出筋线积釉少，釉色淡，因为釉色的对比显现出线条纹样，在审美上有柔美中带刚劲的意趣。剔花手法在元代大量运用，如莲瓣碗、盖碗、盖罐、香炉、盘、五管器等许多造型上的装饰都用剔花手法，有莲瓣纹、柳叶纹、荷叶纹、八卦纹、文字等样式。剔釉的方法主要用于人物的脸部和手脚部，也用于花木图案等。明代基本沿用了元代的剔花手法，明中后期到清代，龙泉窑渐渐衰退，刻划花技艺渐少，剔花技术较多，但是缺少了宋元时期的神韵，剔花呆板、平白、柔软，少了些精神。（图4-19）

图4-19　剔花装饰

剔花工艺的剔坯手法不仅能够为器物造型装点图案，也能够强化青瓷的造型结构，使造型层次更加丰富而立体，凹凸起伏。典雅的纹饰柔和协调、刚柔相济，增加了美感。剔釉、剔化妆土的手法，使青瓷作品达到全新的视觉体验，剔釉形成的坯体底色和釉色的鲜明色差，给人以鲜活生动、精神爽朗的感觉。

一般情况下，以剔花装饰为主的青瓷作品，纹样都比较饱满，比较费时费工。缠枝团花型纹样结构复杂，剔刻不易；露筋和拉丝类纹样需要把好方向的精准度；人物脸、手、脚的剔釉开光，尚需非常小心；因为剔工费时，坯的干湿度会发生变化，影响用刀的感觉；等等。剔花工艺对制瓷艺人的技术要求较高，不适合大批量生产。当代青瓷艺人对制瓷环境和设施进行了完善与改进，为车间添置加湿器，以稳定坯体的湿度，提供一定的环境保障。

（八）点彩

点彩是龙泉窑传统制瓷工艺中的装饰手法之一，具体工艺过程是在施过青釉的器坯上用一种含有铁元素的釉料进行点斑装饰，烧制形成深浅不同的褐斑，起到一定的装饰效果。点彩所形成的斑纹称为"青釉褐斑"。《简明陶瓷词典》"青釉褐彩"条中有："点彩"工艺之一，系南方瓷窑的一种装饰方法。褐彩的形成原理，主要是在釉料中调高铁的含量。在还原气氛中釉中铁含量在 1% ～ 3% 时，出现的是美丽的青色或青绿色；当铁含量达到 4% ～ 8% 时，由于铁量的增多，还原发生困难，颜色就渐呈褐、赤褐和暗褐色。[1]

青釉褐斑并不是龙泉窑的原创。早在西晋后期，当时处于代表性地位的越窑就已经开始普遍地应用褐色点彩工艺，到东晋、南朝浙江地区的瓯窑、婺州窑及德清窑也普遍采用这种装饰方法。[2]湖南长沙窑早期主要烧制青瓷器，自唐中期开始烧制青釉褐斑[3]，四川邛窑、福建怀安窑也有青釉褐彩装饰，两者出现时间都在南朝。长沙窑的青釉褐斑装饰，配以带彩堆贴的胡人舞乐图、狮形图及彩绘的椰林、葡萄及鸟雀等，有西亚、波斯等地的风格。[4]越窑、邢窑和长沙窑等在唐代对外贸易中占重要地位，产品出口到许多国家，说明这种青釉褐彩（斑）的青瓷受到海外市场的欢迎。

龙泉窑就近学习了浙江地区的越窑、瓯窑和婺州窑的点彩装饰方法。据《龙泉窑》记载，在龙泉窑发展初期的五代时期，已经出现"部分（龙泉窑青瓷）器物口沿处加施酱褐点彩"[5]，但是产品极少出现。元代时，龙泉窑继承和发扬了这一青瓷点褐彩技法

1　叶喆民.中国古陶瓷科学浅说 [M].北京：轻工业出版社，1982.
2　刘渤.龙泉青釉露胎与点褐彩瓷探析 [G]// 中国古陶瓷学会.中国古陶瓷研究：龙泉窑研究.北京：故宫出版社，2011：107-119.
3　汪庆正.简明陶瓷词典 [M].上海：上海辞书出版社，1989：31.
4　长沙市文化局文物组.唐代长沙铜官窑窑址调查 [J].考古学报，1980（1）：67-96，145-160.
5　方净观.龙泉青瓷点彩装饰工艺溯源、应用及其美学特征探析 [J].设计艺术（山东工艺美术学院学报），2015（4）：90.

和风格，用笔蘸龙泉当地的紫金土在已上釉的瓷坯上点缀，烧成后即形成褐色斑点纹，有黄褐色、赭色、褐色或深褐色的斑纹，多与梅子青釉色搭配，在纯净的青釉中增加了色彩，色泽浓郁，形成对比，丰富了龙泉青瓷工艺美的样式，让人耳目一新。褐斑一般点于器型口沿、颈部、腹部、底座；也有点于结构点上，以及需要突出的部位，笔到之处，顺其自然，富有生气和动感，但又能整体协调。元代龙泉青瓷点彩装饰的器型有褐彩双环耳瓶、褐彩器座、点彩露胎八仙纹八棱瓶、褐彩印花麒麟送子图方筒瓶、褐彩高足杯、褐斑八方杯、褐斑蒜头瓶、褐斑瓶、褐斑匜等。1975 年在韩国新安海域发现的中国元代沉船上打捞出水的龙泉窑元代青釉褐彩的作品种类就有青釉褐斑贴花盘、青釉褐斑罐、青釉褐斑高足杯、青釉褐斑匜、青釉褐彩人物像等，而这些器型在当时的龙泉窑产品中，只是冰山一角，可以想象当时青釉褐彩类产品还要丰富得多。在元代的青瓷点彩产品中偶有发现点红斑的，这是因为釉中特意加了铜的缘故。如上海博物馆藏的龙泉青瓷红斑洗，合口，圆弧腹，矮圈足；胎灰白，施青灰色釉，釉上点铜红彩斑，装饰效果自然洒脱亮丽，圈足露朱红色胎。但从效果上来讲，铜红斑过于鲜艳，会有艳俗感，不如褐彩沉着，故产品中极少出现。

图 4-20　飞青瓷花生·元代·点彩装饰·日本大阪市立东洋陶瓷美术馆藏

流传到日本的褐斑青瓷以一个独特的称谓来命名，叫"飞青瓷"。一只元代龙泉窑的青釉褐斑玉壶春瓶被称为"飞青瓷花生"，是日本的国宝，藏于日本大阪市立东洋陶瓷美术馆。（图 4-20）这件作品上的点彩，看似随意，点彩错落有致，点的形状、大小和位置跟玉壶春瓶的柔美曲线变化相协调，产生奇特的审美效果。相类似的点彩玉壶春瓶也见于瑞士鲍尔收藏馆、英国维多利亚和阿尔伯特美术馆等国外一些知名的博物馆。

点彩工艺有釉上彩和釉下彩两种，而釉上的点彩会随着釉色产生动感，更有扑朔迷离的变化效果。冯先铭先生说，釉或坯的某部分因含铁过高而偶然形成，逐渐发展后就成了有意识地变这些缺陷为美化的特殊手段。点缀的方法比较随意，排列比较自由，也有按一定的排列方式有意识地进行布局，增强美感，出现新意。点缀在经意和不经意之间，突破单色釉的单调，增加了色彩上的对比、空间上的对比、点与面要素上的对比，具有抽象的美，也具有秋叶碧水的意境美。

（九）露胎

露胎是以贴花、印花、剔花、堆塑等装饰为基础而进行的二次装饰，是根据器物整体装饰的需要，对局部图案、构件进行剔釉或不施釉处理，露出胎的颜色，色彩上形成对比和辉映的一种附加性的装饰手法，产生不同的艺术效果。露胎工艺主要用于装饰，也有兼用于叠烧的。

露胎工艺要追溯到唐三彩的人物塑像，其中有露胎不施釉的情况。[1]龙泉窑的露胎技法始于南宋晚期，可以算是青瓷系露胎技法的原创。唐以前龙泉窑在施釉及烧成工艺不成熟或不完善的情况下，一般意识不到这种方法。唐、五代至北宋早期，龙泉窑大量采用泥点垫烧的方法。碗在批量装烧时用泥点叠烧，烧成后在碗底留下露胎泥点痕迹，这在当时只是一种缺陷，而不是有意识的装饰运用。北宋使用的是石灰碱釉，透明度高，无论是在坯上直接刻花还是贴花，纹饰图案都能清晰地在釉下彰显出来，也不去考虑露胎的方式。南宋龙泉出现如玉般的乳浊青釉，造型和装饰都追求简约素雅之风，刻花的技法渐少，贴花、捏塑、浮雕的技法增多，为露胎装饰提供了基础条件。在单色调的情况下，艺人们开始寻求突破单调性的尝试，在胎中有意识地增加紫金土的含量，在烧成冷却阶段经过二次氧化，使露胎部分呈现朱色或深褐色，创造了露胎的装饰形式。如南宋晚期至元代大量出现的双鱼洗，浙江省博物馆收藏的南宋龙泉窑青釉露胎何仙姑像等，都很巧妙地利用了这种装饰技法，取得了很好的装饰效果。

龙泉露胎装饰形式盛行于元代，大量运用于盘、洗、盆、瓶、杯、盅、塑像、罐等各类器型之中，露胎的图案有鱼、龙、云、鹤、葵花、菊花、梅花、桃、荔枝、宝相花等各类贴花，以及人物塑像、动物、器物构件等。露胎与模印的贴花结合最紧密，所以有"露胎贴花"[2]之称。这种装饰技法从明代以后到当代都在传承沿用。

龙泉的露胎工艺非常讲究布局，总体上分两类：独立布局和组合布局。独立布局主要用于塑像类型或作为独立纹样装饰类型。如佛龛、观音像、弥勒佛、真武大帝、

1　李子萱. 元龙泉青瓷碗盘类器物两大典型装饰研究 [J]. 艺术大观，2021（14）：133-138.
2　汪庆正. 简明陶瓷词典 [M]. 上海：上海辞书出版社，1989：252.

文殊、普贤等佛像，脸部、手部、脚部及胸部等做露胎处理，呈现"朱红色"或"黄褐色"，与金色接近，从艺术上形成对比的美。从深层意义上分析，在佛教中红色象征生命力和创造力，而黄色则象征着尊严、神圣、光明、正统等，也有表达内涵的用心。独立纹样多装饰于圆形盘、盆、盅、洗、盖等中央，以龙、龟、葵花、菊花、文字印章、钮等为图案。

露胎装饰一般表现在器物的中央及口沿，如碗、盘、洗类；也有表现于胎壁的，如瓶类；还有表现于雕塑和器物局部的，如佛像头、手脚等处，器物盖钮、耳等部位。图案的组合布局有同心圆型、旋转型、对称型、散点型和连续型。同心圆型如英国大维德基金会所藏的元代龙泉露胎贴花云龙纹盘，中央是龙纹，中间一圈为云纹，口沿一圈为梅花纹，组合形成一种天地间磅礴气象。旋转型如云鹤盘，围绕盘中心，云鹤追逐，生动有趣。对称型如双鱼洗，双鱼旋转左右，均衡稳定，双鱼头朝向相反，左右呼应，对称中又有变化。散点型就是不对称的形式，如元代龙泉露胎梅月纹盘，从不对称中求均衡，呼应顾盼，有书韵画意。连续型，是相同纹样或相关联纹样序列排列组成图案，如故宫所藏的元代龙泉窑青釉露胎八仙纹八棱瓶，八仙图案排列在瓶的腹部，视觉冲击力强，而且表达主题突出，增加了文化厚度。（图4-21）

图4-21 露胎装饰

露胎装饰需要贴花、印花、堆塑，甚至点彩等技法结合使用，更加相得益彰。具体的露胎工艺制作有两种。一种是将模印好的花样按照一定的构图在坯胎上粘贴好，素烧后通体施釉。待釉晾干后，再将纹样部分的釉剔除，露出纹样后再烧成；除剔釉外，当代艺人还用一种特殊的蜡施于图案上进行遮盖后通体施釉，待釉晾干后，再掀去蜡，露出纹样后再烧成。这种制作方式适用于多种器型。另一种是图案后置，就是在素烧过的坯体施过釉后，再放置经素烧的模印或捏塑的纹样，放置好后蘸点沉淀过的表层清釉水轻抹一下，使露胎纹样与器物坯胎的釉稍作衔接，增强烧成后咬合的紧密度，也增强露胎部分的光泽度。这种制作方式适合盘类和平面形的器物。

（十）跳刀

跳刀技术是在坯体旋转的状态下，将修坯刀以一定的方向和力度在坯体上进行切刻装饰，坯刀在坯的反作用力下产生自然跳动，在坯体上留下有律动性的雕刻纹样，效果奇特。

在新石器时代晚期的龙山文化就已出现跳刀纹的迹象，夏商时期二里头的黑灰陶器，隋唐时期的黄釉席纹，宋代当阳峪的黑地飞白纹，辽、金、元时期的绿釉白斑草纹等，都可见到跳刀技术作品，但是数量很少，明以后似乎失传。跳刀技术在古代也未得到充分认识和掌握，处于被边缘化的一种技艺状态。宋应星《天工开物》曾写道："过刀时手脉微振，烧出即成雀口。"[1] 在古代，跳刀被认为是一种工艺上的缺陷，几乎很难在杰出窑系中发现，直到当代才受到关注，并得到进一步开发运用。

跳刀技术相对难度较大，是人、机、刀、泥的对话，是思维、心境、速度、力度的交响。跳刀技术有几个关键点：一是把握好泥坯的干湿度。太湿了泥会粘刀，影响走线，刀纹不犀利，立体感弱。二是选择好刀片。刀片要刚柔并济，富有弹性，在转动时产生自然的跳动频率，通过有规律的振动产生装饰效果。三是保持专注的状态。心要静，手要稳，所谓"用志不分，乃凝于神"，只有心、眼、手协同操作方出奥妙。四是熟练掌握用刀方法。用刀直入，则刀尖发力，走线针点状；用刀斜切，着力面积大，则会出现放射状的斜刀纹，操作中用剐、刻、拉等技法，将千线万点划刻在坯体上，形成效果各异的纹饰。

艺术个体用刀习惯各异、工具的差异、转动速度的快慢、泥性的不同特性、主观潜意识艺术感觉差异等，都会影响纹样的呈现状态，如有条状线痕、斧劈痕、雨点痕等。同时由于跳刀过程是在较快的旋转中完成的，必须一气呵成。一般情况下，使作品在轮盘上一次着正，保持一个中心下去表现跳刀，以体现跳刀的层次感、疏密感和

1　宋应星.天工开物 [M].长沙：岳麓书社，2001：181.

变化美。当然，器物也可以采用二次乃至多次着正，以表现跳刀的重叠美和异趣美。这主要凭艺术家创作时的艺术思想和创作灵感而决定。操作时虽然要有一定的意象构思，但是存在不确定性，往往会产生意想不到的效果，正因为如此才更具想象空间，更具魅力和期待。跳刀技术形成的纹样具有自然美、韵律美、意境美。（图 4-22）

图 4-22　跳刀装饰·徐朝兴作品

（十一）绞胎

绞胎，顾名思义，就是将不同颜色和不同明度的胎泥揉在一起，以手工拉坯等方法制作成型。一般绞胎成型后统一施透明釉，烧成后使陶瓷产品呈现出两种及以上的不同色彩，产生变化万千的丰富肌理，人们把这种瓷器称为"绞胎瓷"。由于绞揉的方法不同而绞出如木纹、鸟羽纹、云纹、流水纹等变化无穷的绞纹肌理，产生非常奇特的艺术效果，使这种陶瓷具有抽象美、自然美和艺术美。

绞胎是我国唐代具有突破性的陶瓷装饰工艺之一。目前已发现有唐代绞胎标本的窑址有河南巩县窑、陕西黄堡窑、浙江慈溪上林湖越窑、山西浑源窑等，其中以巩县黄冶窑为最早、产品最丰富。至宋代绞胎瓷得到进一步发展，其中以当阳峪的绞胎瓷为代表。陈万里先生曾说："黄河以北的宋瓷，除了曲阳之定、临汝之汝以外，没有一处足与当阳相媲美。"[1] "靖康之变"后，窑业消退，至元以后逐渐衰亡，从此绞胎工艺失传。20 世纪上半叶，绞胎艺术传到日本，受到日本人的热捧，经过几十年的研究、学习和运用，日本的绞胎艺术获得一定的世界影响力，并促进了欧美陶艺家对绞胎艺术

1　陈万里 . 陈万里陶瓷考古集 [M]. 北京：紫禁城出版社，1997：178-179.

的运用和创作。龙泉窑历史上尚未发现绞胎工艺，至 20 世纪 90 年代末，随着龙泉青瓷的复兴，学习借鉴了北方的绞胎工艺，锐意创新，在青瓷制作上开辟了哥弟窑瓷泥绞胎的新工艺，拓展了龙泉青瓷的装饰手法，开创了青瓷风格的新意境。

当前龙泉绞胎工艺主要有三种形式：一是将两种或多种不同颜色的泥胎糅和形成各式纹路，然后再进行拉坯创作，在器物胎壁上形成如行云流水般的纹饰，浑然天成，充分发挥不同泥料的表现效果，有水墨画的韵味。掺和的泥料常用哥窑泥和弟窑泥。哥窑泥中紫金土含量高，烧成后呈黑胎；弟窑泥烧成后为白胎。两种泥在青釉的笼罩下尽显山水意韵。也有用白泥掺和其他色泥的，风格大致一样，只是哥弟窑绞胎更加协调，也更有本真性。二是以龙泉白泥为基础，掺和其他色泥，通过叠合、分割、编织、压平、模具成型等手段，制成有连续规则的纹样，形成图案设计美。三是洒浆绞胎式。实际上是绞化妆土，将不同颜色的泥胎制作成糨糊状的泥浆，搅拌几下后刷或洒在器物上，如浮云流水、霞蔚蒸腾，给人以变化万千之感。（图 4-23）

图 4-23　绞胎装饰·卢伟孙作品

需要注意的是，绞胎瓷相当于深入胎骨的"釉下彩绘"，胎壁的内外图案大致相同，自然要求几种不同颜色的瓷土，既掌握好干湿度，又掌握好热膨胀系数的关系，如此烧成才不会破裂或变形。因此，绞胎工艺在制作上要充分考虑材料的匹配性。

以上所介绍的装饰技法，都是龙泉青瓷历史上主流性和代表性的装饰手段，体现了古今青瓷艺人不懈的创造力。随着现代科技的进步和人们审美需求的多元化，装饰技法也随之革新，出现新工艺、新技法、新时尚。如运用木材、玻璃、纤维、金属等进行嫁接或镶嵌的综合装饰法，运用 3D 打印技术和激光技术的高新技术装饰法，运用釉上釉下绘画的彩绘装饰法，多釉融合运用的釉装饰法等，因篇幅关系不能一一进行总结，留待日后进一步研究。

第三节 ✍ 龙泉青瓷的独特技艺

龙泉窑在中国青瓷发展史上虽然起步稍晚，但是其技艺集成度高，开创性强，文化内涵丰富，制作水平高，影响力深远。自三国、两晋至唐、五代，龙泉青瓷经历缓慢发展的初期，龙泉窑在北宋早中期迅速崛起，在两宋之际开始脱胎换骨，于南宋问鼎巅峰。宋、元、明三朝，其窑业规模空前，制瓷技艺全面，技术精湛，产品质量优胜，在产品大量出口的同时开始向海外输出技术，世界影响巨大，成为前无古人后无来者的杰出青瓷窑系。目前龙泉青瓷传统烧制技艺属人类非物质文化遗产名录中的传统手工技艺类中首个陶瓷类项目。

历史上对于龙泉青瓷技艺的描述很少，如陆容的《菽园杂记》、许之衡《饮流斋说瓷》中所记的片言只语，徐渊若《哥窑与弟窑》中也有些描述，但是缺乏完整性和科学性的论述分析。

龙泉青瓷传统烧制技艺的工艺流程复杂，包括取土、煅烧、粉碎、配料、淘洗、过筛、压滤、陈腐、练泥、拉坯、晾坯、修坯、装饰、素烧、施釉、装匣、入窑、烧成、出窑等20多道工序。这些工艺流程与其他窑系大同小异，但龙泉青瓷在青釉配制技艺、多层施釉技艺、龙窑烧制技艺、纹片装饰技艺、"半刀泥"刻花技艺等方面具有独特性，这些也是龙泉青瓷的核心技艺所在。

一、青釉配制技艺

龙泉地处武夷山系的洞宫山脉，这里山水秀丽，森林茂密，各种有色金属和贵金属丰富，萤石、瓷土、紫金土等制瓷原矿材料具有突出的优点，分布于龙泉全境，其中以大窑、查田、宝溪、上垟等地更为优质。同时，龙泉当地也具备充足的木材燃料和水资源。这些资源是龙泉青釉配制和制作烧成的条件保障，是龙泉青瓷高质量和高识别度的重要成因。

明代陆容在《菽园杂记》卷十四中写道："青瓷初出于刘田，去县六十里……泥则取于窑之近地，其他处皆不及。油则取诸山中，蓄木叶烧炼成灰，并白石末，澄取细者，合而为油。"[1] 这里的刘田即为琉田，指现在的大窑。可见，古代制作青瓷的泥料和釉料都是取自大窑当地，取材便利。油即釉，取山中的紫金土、瓷土、长石、石英、石灰石等矿物质，与草木灰配比混合成釉。文中还提到配制过程是将上述原料分别进行焙烧、粉碎、淘洗后按比例混合制成釉浆。紫金土为着色剂，起发色作用，在青瓷烧制的最后阶段利用还原焰烧成，其原理是将釉中的 Fe_2O_3 还原成 FeO，釉面呈现青色。因此，紫金土配比对釉的配制最为关键。瓷土即为由铝硅酸盐组成的矿物，其中氧化铝、氧化硅是主要成分，SiO_2 的含量高达 72% ～ 78%，在釉中起到骨架作用。石英的主要成分是 SiO_2，呈半透明或透明状，其作用是提升烧成温度，增强釉面光泽和流动感。石灰石的主要成分是 $CaCO_3$，在陶瓷的烧制过程中充当高温釉的助熔剂，可以降低熔点。草木灰中富含钾、钠、钙、镁等元素，增强作为辅助熔剂的碱性，且其中含有少量的 P_2O_5。长石是一种含有钙、钠、钾的铝硅酸盐矿物，略带乳白色，以此扩大烧成范围，并提高硬度、光泽和玉质感。（图 4-24 ～图 4-27）

图 4-24　紫金土　　　　图 4-25　瓷土　　　　图 4-26　石英　　　　图 4-27　石灰石

　　龙泉窑釉色丰富多样，有淡青、艾青、灰青、粉青、梅子青、豆青、酱色、米黄、翠青等多种品相，其中龙泉窑所开创的粉青、梅子青被公认为青釉系列中的极品。釉的成色品质受釉料、坯料、烧成温度、烧成气氛和烧成技术等多种因素的影响。龙泉青瓷的精美釉色除与龙泉当地瓷土资源和釉土资源的独特因素密不可分外，胎、釉的配制技术也是非常关键的因素。

　　釉是龙泉青瓷之魂，龙泉青瓷传承人和实践者把青釉配制技术视为重中之重的核心技艺，会花毕生的精力去研究，不断地追求完美，追求如玉的品质。龙泉青瓷艺人提倡原矿釉，因储量的有限性，采矿点会发生改变；而同一矿点表层和里层的纯度不

1　陆容 . 菽园杂记（卷十四）[M]. 北京：中华书局，1935：176.

同，原料中自然蕴含的矿物质化学元素有微量变化，也会影响釉的配方。因此，根据不同批次的原料，釉的配方都需要进行试制。一个成熟的青釉配方，需要经过无数次的调试才能稳定下来。如民国时期的廖献忠、李怀德等人都有制瓷日记或配釉秘方记录。徐渊若在《哥窑与弟窑》中抄录的"廖氏"釉方就有初期制釉方、改良方、内釉方、极贵万金难换方、新方、未试方等釉方记录[1]，从侧面可以感知到釉的配方的复杂性和难度。传统的青瓷配釉技术在青瓷行业内被视为核心技术，一般都比较私密，只在师徒间或家族内相传而不外露。（图4-28）当代，青瓷产业链完善，有专门的原料厂生产青瓷釉料，即便如此，当代龙泉青瓷艺人根据自己的经验或出于对青瓷釉色的精致追求，会对从市场上买来的青瓷釉料进行再次调配，直到能符合自己的审美要求。有的甚至自己到野外找优质的矿物原料，自己配釉，几乎到了痴迷的程度。（图4-29）

图 4-28　传统釉料配制工艺流程

图 4-29　当代釉料配制工艺流程

1　徐渊若. 哥窑与弟窑 [M]. 杭州：龙吟书屋，1945：32-34.

二、多次施釉技艺

在龙泉青瓷的烧制过程中，施釉是制作过程中的关键性流程，多次施釉也是龙泉青瓷制作的核心技术。传统龙泉青瓷多次施釉的流程包括坯体自然晾干—低温素烧—坯体施釉—再晾干—素烧—施釉，反复三次以上，最后一次晾干坯体后以高温烧成。

据考古资料，在黄冶窑、巩县窑、邢窑、黄堡窑、汝窑、钧窑、南宋官窑等遗址也出现了素烧坯，可以判断自唐代开始至宋代已有二次烧成的技术，进入宋代以后二次烧成技术更加成熟。龙泉窑的多次施釉技艺出现于南宋时期，多次施釉的产品特别多地出现在哥窑类产品和官器类产品中。从龙泉窑窑址发现的一些素烧残片看，有明显多次施釉的痕迹，断面的釉层清晰可见，可以判断龙泉窑部分产品采用了多次施釉、多次烧成方法，烧成制度更加复杂和讲究。在龙泉溪口瓦窑垟的考古遗址保护工程设施建设中，又在窑址斜坡下方发现了并排的几处小型竖穴式窑炉，初步推测为素烧炉。

素烧，就是在坯体不施釉的情况下，在窑炉中以 500～600℃低温烧制，现代的青瓷艺人普遍用液化气窑以 800～900℃素烧。温度要根据经验积累和判断，过高则降低吸釉能力，太低则坯体强度不够，会造成坯体变形和破裂。素烧的功用：一是提高坯体强度，施釉过程中不容易产生软化、破裂或变形；二是提高吸水性能，素烧后能排除掉坯体中的结晶水和结构水，使胎釉的黏合性更高，不容易产生流釉或跳釉等现象，提高正品率；三是素烧可以保证多次施釉，通过增加釉层厚度来提升釉的散射和漫射光线的能力，使釉面产生温润的玉质感。

施釉，也叫上釉。施釉有多种方法，包括荡釉、浸釉、刷釉、浇釉和吹釉（现代为喷釉）五种形式。传统施釉方式以浸釉为主。浸釉的一般程序是先施内釉，即器皿内部施釉。内部施釉又称荡釉，即将制备好的釉水用勺子舀入器皿内摇晃均匀，然后倒出多余部分。晾干后再在器皿外部施釉，浸釉即把器皿外部整体浸到釉水里面，直至口沿分界线，几秒或十几秒后取出。张东先生记录了二十世纪五六十年代上垟时代的施釉情况，第一次的釉浆比重为 1.38，含水量为 53%，上釉厚度 0.5 毫米左右；第二次的釉浆比重为 1.40，含水量为 50%。每次施完釉阴干后素烧一次，直至最后釉烧。[1] 按徐渊若《哥窑与弟窑》中记载的仿古青瓷做法，至少上五次釉。概括其要义，上初步釉两遍，各以一秒为度；然后放土窑（龙窑）尾间烘之；再上大釉，即贵重之釉，口中

1　张东．宋代若干窑场多次烧造现象研究 [J]. 上海博物馆集刊，2005：179-196.

默数至 30 即取出（估计是 15 ～ 30 秒）；上大釉视釉之厚薄而定度之多寡，最少必须三次。[1] 按徐氏所记载，龙泉青瓷至少施五次釉，但上初釉应该釉层薄，浸釉时间短，而且釉的配方及含水量等应该与后来所施的大釉有所区别。而宋、元、明时期的施釉次数，古书未有记载，我们只能从窑址调查中所发现的施过釉的素烧坯中推断，而多次施釉的技术在南宋时期表现最为突出。我们在窑址上发现有施过三四层釉的素烧坯，釉层分明，应当是素烧后有破裂而被遗弃的。可以推断出施五层釉的可能，每次素烧后施釉痕迹也较明显。（图 4-30、图 4-31）

图 4-30 龙泉青瓷多层釉标本 · 宋代 ·
龙泉青瓷博物馆收藏

图 4-31 龙泉青瓷多层釉标本 · 当代

刷釉、浇釉和吹釉既可单独使用，根据器型特点采用不同的方法施釉，也可配合浸釉方法综合使用。如对浸釉过程中施不到釉的局部进行刷釉弥补；需要薄釉时可采用吹釉。

---

1 徐渊若 . 哥窑与弟窑 [M]. 杭州：龙吟书屋，1945：35.

三、龙窑烧制技艺

"瓷器之成，窑火是赖。"[1] 窑具装备的运用和烧成技术在瓷器制作过程中具有决定性作用。龙泉青瓷的烧窑技艺包括龙窑建造技艺、龙窑装窑技艺、龙窑烧窑技艺。

龙窑的建造首先是选址。龙窑往往依山坡而建，建造时要充分考虑坡度、朝向、体量、材料、构造等因素。龙窑坡度保持在 10° ～ 20° 之间，前部坡度大，尾部稍缓。坡度大小会对空气抽力、升温速度、火势强度产生影响。龙窑窑头朝向对风力强弱也会有影响，艺人们会巧妙利用地理环境和季风因素产生的自然风提升风力和火势。窑体长短除决定体量外，同时也与提升空气抽力相关。龙泉龙窑窑体设有火膛、投柴孔（观火口）、挡火墙、排烟室等功能结构。火膛在窑头部位，一般设有格栅、灰坑、进气口、进柴口、观火口等构造，用于起火，是升温的最关键部位。投柴孔设置相隔1米左右，对应 1 间窑室，用于投柴和观察窑内火色气氛。挡火墙是窑内设有"品"字形开口的墙面，起到倒焰作用，以提高热能利用率。排烟室在窑体尾部，主要功能就是排放烟雾。清代之后，一般在排烟室上方增加烟囱，以增加空气抽力。据考古资料，历史上龙泉龙窑长度最长达到 97 米，也发现一些宋代窑址的龙窑随山坡蜿蜒形成弯曲窑体，窑体内设置多道挡火墙的龙窑结构。龙泉的龙窑建造技术完善了龙窑的结构和功能，提高了热能利用，提升了产能，为青瓷烧制提供了装备基础。（图 4–32、图 4–33）

图 4–32 龙泉宝溪五股窑·龙泉青瓷博物馆提供

---

1 蓝浦 . 景德镇陶录 [G]// 熊寥 . 中国陶瓷古籍集成：注释本 . 南昌：江西科学技术出版社，1999：359.

窑头　火膛　护窑墙　窑壁　　窑室　窑棚　投柴孔　窑门　通道　窑尾

图 4-33　龙窑构造·龙泉青瓷博物馆提供

　　装窑与窑火走势和窑温控制相关，是个技术活。装窑的技艺有以下几个关键环节。一是套匣钵：其功能主要是用匣钵保护坯胎，避免落渣和熏烟，坯体受热均匀，气氛更加温和，烧出好瓷器。二是摞匣柱：先固定底座，一般为空匣钵，因底层有地气，温度偏低而瓷器火候不够。三是留火路：在摞匣柱时，柱与柱之间需要留间隙，根据青瓷艺人的经验以 7 厘米左右为宜，太疏则热能利用低，火留不住，太密了火势上不去；排列的方式也有"算珠"形排列和"交叉"形排列，都与火势和窑温相关。四是设火膛：每间窑室交替处窑壁上设对称的投柴孔，两边对应的投孔之间要留出一定空间不排列匣钵，成为每一小间的火膛，实现火膛平移，这就是特殊的"火膛移位法"。五是放釉照：釉照是窑工特制的窑具，一般放在投柴孔边的匣钵边上，烧窑师傅可以适时取出用以观测和判断青瓷的烧成温度。六是封闭窑门：此为装窑的最后环节，窑门用耐火砖砌好后用泥浆封住。

　　烧窑是核心技术，烧成过程分烘干、氧化、恒温、还原、高火氧化、降温六个阶段。其技术靠烧窑工匠长期积累才能掌握，因此窑头师傅的地位是相当高的。按民间的俗语，烧窑过程分"开火"和"开间"两个阶段。"开火"即从窑头的火膛启火，除窑头的灰坑进气口、投柴孔和窑尾的烟囱外，窑室的其他部位都处于封闭状态。窑头火膛通常需要经过 8～13 小时充分燃烧加热，把温度提升至 1300℃左右，才可进入"开间"阶段。"开间"即进行"火膛移位"。当窑头火膛温度达到所需温度时，开放第二间窑室两侧投柴孔开始投柴，火膛移至第一室和第二室之间。"开间"后每间大约持续烧40分钟～1小时，即可达到烧成温度，然后开放第三间，依此类推，节节递进。烧窑师傅根据长期积累的经验，总结出火焰观察法和"釉照"观测法来判断烧成程度。火焰观察法，即按火焰颜色从深红—橘红—橘黄—白色—青白色的变化规律来判断窑内温度变化情况。[1]釉照是烧成过程中特殊的窑具，"釉照"观测法即为观测釉的生熟程度的试片，在烧窑过程中可取出，冷却片刻后即可看到釉面的烧成情况。（图4-34～图4-37）

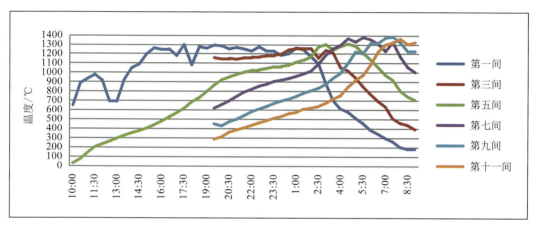

图 4-34 五股窑烧窑温度

图 4-35 低温氧化阶段（<900℃）：火焰颜色由深红变橘红

图 4-36 中温还原阶段（900～1200℃）：火焰颜色由橘红变浅黄

---

1 周晓峰，裘晓翔，周易通.龙泉传统龙窑构造及青瓷烧制技术研究 [J].丽水学院学报，2020（4）：1-10.

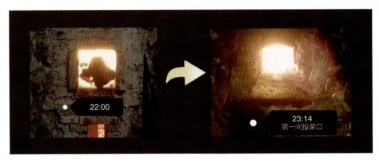

图 4-37　高温还原阶段（1200～1300℃）；火焰颜色由浅黄变白色

龙泉青瓷采用厚釉装饰，而厚釉青瓷烧成难度大，烧成温度控制、烧成时长把握和烧成气氛的拿捏，都会影响釉的发色和玉质感。火焰颜色观察法和"釉照"观测法是窑头师傅秘而不宣的看家本领。

四、纹片装饰技艺

开片是哥窑最重要的特征之一。[1] 龙泉青瓷的开片控制技术主要是利用胎和釉料之间膨胀系数的不同，使瓷器釉层在烧成冷却阶段承受一种张应力或压应力，釉面产生不同形状的自然裂纹。釉面的开片纹样具有特殊的装饰效果。

明代陆深《春风堂随笔》和郎瑛《七修类稿》等文献都称哥窑有"断纹"，号曰"百圾碎"。清末民国时期许之衡《饮流斋说瓷》有"开片"说法："瓷之开片，其原因有二：一曰人为之开片，一曰自然之开片。"[2] 从技术层面来说，人为开片具有先知而做的主动性，是制瓷匠人掌握了一定的自然规律和制瓷技术，配制出特种胎料和釉料，烧成后瓷器开出符合人的审美追求的裂纹。而自然开片是天然造化，按许之衡之说是"历年既久，其釉渐渐内裂"。自然开片是指瓷器长久裸露在自然界中自然老化或是受到热胀冷缩的外部力量的影响而产生风裂。但是在人类制瓷技术还不完善的情况下，瓷器烧成过程中胎釉结构性的开裂现象，原本是一种缺陷，是人在无意识或被动情况下产生的。因为人是审美主体，瓷器是审美的客体，当人们从断纹中感受到某种美，就会自觉地认知断纹奇特的装饰美，并主动地以开片方法去创造断纹美，表现出审美主客体之间的依存关系。特别是在宋人追求朴素美、自然美的人文背景下，制瓷工匠为迎合当时

1　沈岳明，郑建明. 哥窑的新发现 [M]. 北京：文物出版社，2018：36.
2　许之衡撰，杜斌校注. 饮流斋说瓷 [M]. 济南：山东画报出版社，2010：48.

的审美需求，逐渐研究总结出独特的开片技术，开创了"人为开片"的技艺，这种技艺在宋代汝窑、官窑和哥窑体系中得到充分展现。尤其在浙江龙泉的哥窑，所开的纹片特别丰富，而且这种技艺在当今得到了继承、创新和发展。从严格意义上来说，人为开片技艺并不能做到把审美理想、制作技艺和烧成工艺完美结合，历代工匠不断积累经验，基本掌握开片技艺，朝着审美追求的方向去研究烧制，但出现一件达到"天工"和"人巧"完美融合的哥窑开片精品仍是可遇而不可求的。

前人总结的哥窑开片纹饰有多种。正如徐渊若在《哥窑与弟窑》中所写，开片有各种名称：冰裂纹、蟹爪纹、鳝血纹、百圾碎、牛毛纹、鱼子纹等。[1]此外，还有蚯蚓纹、菟丝纹、流水纹、叶脉纹等。在古代，人们把开片的图案与自然界的物质和生物展开联想来描述图案的形状，我们可以把它们统称为象形开片。开小片的纹片俗称文片，开大片的纹片俗称武片，因此又有"文武开片"之称。开片纹样具有瑰丽和古朴的格调。

徐渊若还写道："盖哥窑之开片，虽纹痕破碎，而釉之表面则毫无形迹。且哥窑之开片，出窑即然，并非由于历久而裂。"[2]说明哥窑开片技艺是人类所创造的高超技术。哥窑的开片应该是一种"隐裂"，即不破坏胎骨和釉面，裂在釉里面，不会伤到手，虽然有开裂纹，但釉面不失莹润感，所以又称"湿隐裂"。胎釉配制是开片最重要的技术，配制时要拉大胎和釉收缩率的比值。胎和釉在开片过程中是一对作用力和反作用力的关系，如果胎的收缩率小，釉的收缩率大，胎对釉会形成一种张应力，在张应力的作用下，釉就被拉伸而开裂；如果胎的收缩率大，釉的收缩率小，胎对釉会形成一种压应力，在压应力的作用下，釉就会被挤压开裂，典型的如"冰裂纹"。

哥窑开片大小不仅与釉中 SiO_2 和 Al_2O_3 等含量相关，而且与釉层的厚度相关，一般施厚釉者开大片，施薄釉者开小片。但是釉层过厚，釉面弹性小，会造成釉面炸裂或冲线；釉层薄，开片太细碎，会失去釉的光泽度。因此，施釉的厚度要掌握好分寸。另外，烧成温度的控制也会对开片造成影响，一般厚釉开大片者烧成温度适当低一些。

开片有很多不确定性，也使当代青瓷匠人有了发挥创造力的挑战空间。当代创作的哥窑青瓷作品中，时常会见到开长斜线大片的，似春风拂柳，飘逸而有动感；有哥弟窑瓷泥甩浆混合而产生的象形开片，在像与不像之间，更具有当代艺术风格；有哥弟窑瓷泥绞胎混合而产生的局部开片、局部不开片的现象，具有抽象水墨的东方意境；也有

1　徐渊若. 哥窑与弟窑 [M]. 杭州：龙吟书屋，1945：37.

2　徐渊若. 哥窑与弟窑 [M]. 杭州：龙吟书屋，1945：39.

利用出窑后的人为二次开片等技艺，把人的主观能动性发挥到极致。因此，当代龙泉青瓷的开片纹样显得更加开放、多彩和时尚。（图4-38～图4-41）

图4-38　哥窑青瓷盏·宋代·龙泉青瓷博物馆藏

图4-39　哥窑类青瓷盘·当代·叶小春作品

图4-40　冰裂纹青瓷碗·宋代·项宏金藏

图4-41　哥窑青瓷葵口盘·宋代·龙泉青瓷博物馆藏

五、"半刀泥"刻花技艺

"半刀泥"刻花是瓷器刻花装饰中阴刻法的一种，用单刀切入，刻出一侧深、一侧浅的斜三角形的线条和花纹，具有较强的立体感，烧成后在青釉的作用下产生水墨韵味。

龙泉窑的"半刀泥"刻花技艺大致在北宋中期成熟，北宋晚期至南宋早期达到鼎盛。南宋中晚期使用乳浊釉，釉层厚，追求如玉的效果，刻花失去意义，刻花装饰几乎不用。元、明、清时期，刻花重新流行，阴刻技艺不如宋，但是阳刻技法大量使用，在一定程度上得到繁荣。龙泉窑"半刀泥"刻花精准的刀法、简约的纹样、精美的构图、舒展的线条、含蓄的釉色、水墨的意境，耐人寻味，具有很高的艺术价值。

（一）"半刀泥"刻线形质

以刀代笔"画"线，线形为"斜三角"的立体形，线形有月牙形、柳叶形、钉头鼠尾形、篦点形、波纹形等，运刀走线在方向和力度上不断变化，产生抑扬顿挫、勾挑翻转、轻重缓急、曲直刚柔、疏密虚实、深浅明暗等丰富变化，极富美感。在图案线形的组合上，点、线、面结合，虚实相生，釉色浓淡有致，具有节奏韵律。既将绘画线条工艺化，也把工艺装饰艺术化，两者异曲同工，达到完美契合。烧成后，在釉的作用下产生具有浓淡变化的水墨效果的质感，呈现内敛、含蓄、谦和、典雅的风格。（图4-42、图4-43）

图4-42　半刀泥花装饰·宋代·李生和博物馆藏

图4-43　点线面结合的装饰手法·宋代

（二）"半刀泥"工具运用

观察遗存的古代龙泉窑的瓷片，其线形与耀州窑相比，线条相对柔和，不如耀州窑犀利。在一些废弃的龙泉窑瓷片上刻划线条还留有没及时修整的毛边痕迹，推测其工具可能是用竹篾制成的竹刀，并且是在坯体半干湿状态下用竹刀刻成纹样。当然有经验的工匠是能掌握好坯的干湿状态的。当代仍有制瓷工匠使用传统的竹刀、竹针等工具进行装饰，但是大多已采用铁制刀具，有角尺型、平头型、斜角型等。

（三）"半刀泥"刀法运用

图 4-44　竹刀工具刻划的仰莲纹样·宋代·龙泉青瓷博物馆藏

图 4-45　当代钢刀刻花展示

图 4-46　传统竹刀刻花展示

从龙泉青瓷的遗存文物中可以归纳出以下几种运刀方法。"刀尖法"：以极小的接触面在坯上进行刻划半刀细线或以篦点组成虚线。"跳刀法"：坯体在旋转状态下，在坯体上进行有节律振动的刻划，形成自然变化而有规律的肌理。"披刀法"：将刀以一定的角度切入坯体，进行顺时针或逆时针的正拉和反拉刻划，如月牙形、柳叶形的线条。"切刀法"：有时为配合其他刀法，以切刀法先切出纹样边线，再运用披刀法披出宽窄不同的线形。"转折刀法"：在运刀行进过程中有规律地翻转刻刀，结合用力轻重和刀的角度变化，产生有顿挫、转折且有节奏的线形，如波纹形和葵口形的线条。一件作品中往往综合运用多种刀法，形成线的交响曲，极富艺术想象力和创造力。（图 4-44～图 4-46）

综上所述，龙泉青瓷在历史发展过程中形成了青釉配制技艺、多次施釉技艺、龙窑烧制技艺、纹片装饰技艺、"半刀泥"刻花技艺等五大技艺特征，具有独特性、集成性和开创性的特点。在我国青瓷窑系中，龙泉窑可谓大器晚成，但是它最终成为中国青瓷的集大成者和开创者，创造了"人无我有，人有我优，人优我特"的技艺成就。龙泉青瓷传统烧制技艺表现出中国传统手工技艺的原生创造力，反映出中华民族特有的审美志趣，是人类宝贵的非物质文化遗产。研究和整理龙泉青瓷的技艺特色，有助于非物质文化遗产在当代的传承、发展和创新，促进人类文化多样性的交流与互鉴，彰显中华文化魅力，增强国人的文化自信。

第五章

龙泉青瓷的文化内涵

龙泉青瓷制作是一种以手工艺为表现形式的美术活动，其代代赓续发展的创造力既来自历代工匠的不断传承和创新，更源于技艺背后的文化润泽和美学倡导。这种美学倡导会在观念、审美、技艺、形式、内容、传承、创造力和风格流派等方面产生深远的影响，赋予青瓷深厚的内涵，既体现了人们对自然和生活的尊重，也体现了对人类智慧和创造力的赞美，使青瓷作品具有独特的艺术魅力和价值，同时也为人们提供了丰富的精神享受。

第一节 &c "比德尚玉" 的审美价值取向

　　在中华文明进程中，瓷器是中华文化底蕴和文化气质的独特表现形式，是反映中华民族智慧和东方文明神采的代表性符号，也是人类文明史上的一颗璀璨明珠。龙泉青瓷自古以来受到世人称赞，傲立中国，感动西方，其精湛的技艺、脱俗的釉色、典雅的风格中蕴含着深厚的传统玉文化内涵和审美韵味。

一、南宋龙泉青瓷的工艺成就

　　两宋时期，我国五大名窑耸立，南北几大瓷窑系争奇斗艳，全国陶瓷业空前发展，是中国陶瓷史上的一个高峰期，其中青瓷窑系达到鼎盛状态。龙泉窑在进入北宋以后得到快速发展，制瓷技术汲取南北诸名窑之长，在两宋之际，其窑业规模、生产技术逐渐超越其他青瓷窑系，后来居上。南宋时期龙泉窑开创了粉青、梅子青的青瓷产品，釉色如翠似玉，精美绝伦，达到了很高的工艺水平和审美境界，引领风骚，成为青瓷窑系的杰出代表。粉青釉色冰清玉洁，温润典雅，有如青玉；梅子青釉色莹润淳厚，苍翠欲滴，胜似翡翠。龙泉青瓷在鼎盛时期，无论其产品的质量和艺术品位都非常卓绝，与官窑相媲美，雅俗共赏，受到皇权贵族、文人雅士、市井百姓的普遍青睐。

南宋龙泉青瓷的创造性发展有了一个质的嬗变，在吸取南北瓷窑烧造技术的同时，对工艺进行逐步总结和改良，在胎料中加入紫金土，增强可塑性；釉料采用了二元配方，加入紫金土，以铁为着色剂，并多次施釉，增强青釉的发色和乳浊感，创造出纯粹而含蓄的乳浊青釉，青色厚釉被自觉地作为审美服务的最根本的装饰形式，并进行充分和大胆的表现。因此，龙泉青瓷被誉为人工创造的美玉。

二、玉文化发展对瓷的影响

技艺的背后是美学的倡导。青瓷的釉色与玉的关系十分密切，苍、青都属于青色系，与青瓷釉色非常接近。人们对玉的质地和颜色的审美，启发了青瓷的创造和发展。从历史发展的角度来看，玉文化在中华文化中的地位早已确立。根据《周礼》，古人以苍璧礼天，苍者如天之色；以青圭礼东方，圭代表王者的身份。这说明早在周朝，青玉便列于其他色之前用来礼地位最高的天及东方，得到早期王家和贵族的追捧。

在中国儒学文化体系的演变过程中，玉被作为君子品德及其他美好品质的衍化物。自古以来把有德之人比作玉，尚玉之风盛行。《诗经·秦风·小戎》云"言念君子，温其如玉"，其中把玉的温和品质与夫君的好人品相联系。《荀子·法行》中"夫玉者，君子比德焉"，把宝玉比作君子的德操。许慎《说文解字》中释玉："石之美。有五德：润泽之温，仁之方也（有仁德）；䚡理自外，可以知中，义之方也（明义理）；其声舒扬，专以远闻，智之方也（启智慧）；不桡而折，勇之方也（性正直）；锐廉而不忮，洁之方也（贵清廉）。"[1] 儒学将"德"观念渗透至玉学领域，玉以比德，自古所重。在我国传统文化中，"君子"是品德高尚之人的尊称，把君子品德与玉的品格相比较，就是把两者融为一体，对君子的言行规范提出高要求，也为玉文化的传承发展提供了强大的精神动力。

1　许慎撰，徐铉等校. 说文解字 [M]. 上海：上海古籍出版社，2021：6.

清代陈性《玉纪》记载："玉体如凝脂，精光内蕴，质厚温润，脉理坚密，声音洪亮。"[1] 陈性对玉的特点作了概括：色泽凝练沉着而不飘浮；内敛宽厚，含而不露，是内外透明，表里如一，色泽纯朴、温润、晶莹、高尚，对应人们所追求的谦让、温和、自信、淡泊等高尚品质，被赋予美好品德的象征意义。有些儒家学者论证了玉有九德、十一德，玉德被确认。谦谦君子、温润如玉、雍容自若、豁达潇洒正是君子品德与玉文化的生动写照。

玉在几千年来逐渐被道德化的过程中，成为人们极其向往的事物。君子温润如玉，玉洁冰清。玉生动而富有灵性，自古以来是中华民族的追求之物。这里我们还要重点分析一下龙泉青瓷走向巅峰时所处的宋代。宋代是一个对玉文化倍加推崇的时代，特别是宋徽宗赵佶更是嗜玉成瘾、爱玉如命，倡导兴起金石学。在宋代，帝王、宫廷贵族、文人雅士，甚至平民百姓都非常迷恋玉器，促进了民间琢玉勃兴，带动了工艺美术的发展。玉一方面是制礼作乐的政治"刚需"，另一方面又彰显着审美诉求和文化品位，将古典与时尚巧妙地融为一体。宋代经济文化的蓬勃发展，也逐渐定型了宋人特有的儒雅的文化基因，与玉文化相辅相成。

但是北宋以来受契丹、辽的影响，边疆贸易并不正常；再加上两宋之际的金兵入侵，南宋与北方和中原的交通物流受阻，玉料得不到保障。因此，南方青瓷得到了重视，成为玉的替代品。在宋代"市舶之利，颇助国用"的政策和玉文化审美需求的影响下，龙泉窑得到了很好的发展机会，凭借优良资源，异军突起，通过技术整合、技艺改良和艺术创新，创造出"人造美玉"的龙泉青瓷。

三、青瓷文化与玉文化的关联

青瓷文化与玉文化在中国传统文化中的地位举足轻重，两者之间有着密切的关联。

其一，青瓷文化与玉文化都具有中华文化的代表性，反映了古代中国人对美的追求和对道德的崇尚。青瓷是一种具有独特美感的高温瓷器，成熟最早，其纯粹、清澈、润泽的釉色，坚硬细腻的质地，优雅的造型，被誉为"瓷器之母"。而玉器则以其纯净、温润、坚硬和含蓄的色彩赢得了人们的喜爱。两者在人的审美活动与审美意境构建上被拟人化，重视人的主体作用。龙泉青瓷绚烂至极又归于平淡，与玉文化极为吻合，

1　陈性．玉纪 [G]// 古玉考释鉴赏丛编．北京：书目文献出版社，1992：885.

表现出谦和含蓄的君子气度，两者共同推动了中国古代审美观念的向前演进。

其二，青瓷文化与玉文化在工艺制作上有一定的相似之处。青瓷制作需要经过淘洗、拉坯、修坯、上釉、烧制等多道工序，而玉器的制作也需要经过开采、切割、打磨、抛光等复杂的工艺流程。这些工艺制作过程都需要精工细作和严谨的态度，体现了古代工匠们高超的技艺和求真务实的精神。

其三，青瓷所具有的"青如玉、薄如纸、明如镜、声如磬"特征，与玉的内涵特征相关联。"青如玉"表达了人们在青瓷创作和欣赏过程中的审美追求，即崇尚青色，承载着玉文化内涵，这是青瓷审美的核心价值取向。釉是龙泉青瓷之魂，青瓷艺人们把釉的配制视为重中之重的核心技艺，终生追求，秘而不宣。"薄如纸"呈现了工艺技术上的追求。为了能达到如玉的效果，古代青瓷艺人一方面创造了"素烧"和"多次施釉"的技艺，坯体表面施以厚釉，目的是把釉烧出如玉的质感，因而不惜工本地多次反复施釉；另一方面为了青瓷器的使用功能，尽可能地减轻坯体重量，给厚釉腾出比重，总结出薄胎厚釉的工艺技术，不断地提升造型工艺水平。"明如镜"表达了人们对釉面玉质感的追求。青瓷艺人们以能烧出质地细腻、不糠不涩、温润而泽、浓稠适宜、青碧无瑕的青瓷为上品。高品质的青瓷体现出青瓷艺人们高超的烧造技艺，火控技术生熟有度。"声如磬"体现了青瓷艺人们对青瓷坯胎和釉层致密度的追求。青瓷艺人们通过反复粉碎、碾磨、淘洗等手段，提升胎釉的精细度，并通过1300℃左右高温烧造，使胎釉结合体接近玉的密度，敲击之声清脆，宛如磬。

因此，比德尚玉为龙泉青瓷传统烧制技艺的核心价值取向，"青如玉、薄如纸、明如镜、声如磬"被视为龙泉青瓷的艺术特征导向。青瓷艺人们正是为了达到这种玉质效果，秉承精益求精的工匠精神，通过寻求技术上的突破，改进了配釉技术和烧成方法，采用了多次施釉、多次素烧，并在烧成的最后阶段采用重还原的方法，极力把青瓷的类冰、似玉、如翠的特点发挥到极致。风格典雅含蓄、质朴内敛、极具东方风韵的龙泉青瓷丰富和拓展了玉文化的内涵，共同构成了中国传统文化的重要组成部分，表达出独特的"中国意境"。

第二节 ✍ "天人合一"的审美意境

陶瓷是艺术与科技融合发展的结晶，也是哲学思想、艺术审美和社会生活等相关要素的综合反映。一件巧夺天工的精美瓷器，能打动世人，如获至宝，是因为其中含有的人对自然的认识、对世间万物的感悟，以及人与自然和谐共生的安全感、审美的愉悦感、美好生活的幸福感。其中自春秋战国时期就建立起来的"天人合一"的思想，在中国根深蒂固，历久弥新，一直以来影响着中国哲学、科技、艺术与文化生活。青瓷文化作为中华文化的重要组成部分，受"天人合一"观念影响巨大。

一、"天人合一"观念的渊源

"天人合一"这一概念源于道家思想。老子的《道德经》、庄子的《齐物论》等著作都阐述过"天人合一"的思想，如："人法地，地法天，天法道，道法自然"（《道德经》第二十五章），"天地与我并生，而万物与我为一"（《齐物论·第二》），等等。这些论述表达了道家对人与自然、人与道之间和谐统一关系的认识。道家认为天地万物都是道的体现，人与自然万物有着共同的本质，因此人应该顺应自然、与自然和谐相处，揭示了人与自然之间存在着一种内在的联系和相互作用。

这一观念也被其他学派兼收并蓄。如儒学《中庸》云："天命之谓性，率性之谓道，修道之谓教。"其中的天命、天性是指人与天地万物相通的本性，强调人应该顺应天性、遵循道，实现人与自然、人与社会的和谐。墨子的天人合一观，认为天有意志，要求人们"兼相爱，交相利"，既天人相分，又天人相合。天的意志是人们行为的最高准则，"人道"本于"天道"，人的"动作有为，必度于天"。人们当顺应天志，以人合天，来实现社会和谐。[1]

在中华文化中，关于"天人合一"的论述贯穿于各历史时期和各学派。如元代的刘因、许衡、吴澄，明代王阳明、湛若水等人也都主张"天人合一"是宇宙的根本原则，认为天地万物和人类社会都是有机的整体，彼此相互联系、相互影响。他们留下的思

---

[1] 朱哲.先秦道家哲学研究[M].上海：上海人民出版社，2000：122.

想和经典著作，体现了古代哲学家对人与自然、人与道之间和谐统一关系的认识和追求，影响到我国哲学思想、艺术创作、宗教信仰、科学技术的传承发展。

二、宋代"天人合一"观念演进

宋代是我国陶瓷发展的高峰期，也是中国古代哲学、文化、艺术发展的一个重要时期，"天人合一"的观念在宋代得到了特别的重视和继承发扬。

宋代皇帝大多崇尚道教，特别是真宗和徽宗，他们尊奉道教为国教，将道教的宇宙观和"天人合一"的观念融入政治和社会活动中。宫廷通过祭祀天地、神灵等活动，表达对天地神灵的敬畏和对"天人合一"观念的信仰。在国家治理、经济发展、农业生产、科学技术及医学研究等方面强调顺应自然规律。在书法、绘画等艺术创作上特别尚意，如宋徽宗的瘦金体书法以其独特的意味和意境，展现了"天人合一"的美学观念。

理学在宋代处于发展的鼎盛时期。朱熹、程颢、程颐等代表性理学家将"天人合一"的思想融入理学体系中。"天人合一"作为理学的核心观念之一，认为天地万物都是理的体现，人与自然万物有着共同的本质，人类应该顺应自然、遵循自然规律，对当朝及后世都产生了深远的影响。宋代许多文人墨客在诗词歌赋中描绘了人与自然和谐相处的美好景象，如苏轼的《题西林壁》、辛弃疾的《青玉案·元夕》等作品，表达了对"天人合一"境界的向往。宋代的绘画艺术、建筑艺术、陶瓷艺术等，常以自然为题材，表现自然界的美丽和宁静，展示人与自然的和谐关系，融入了"天人合一"的美学观念。在宋代，"天人合一"的思想也渗透到人们的生活中。如宋代的茶道崇尚自然，追求茶道意境，通过品茗达到与自然融为一体的境界。茶具制作讲究精美；茶艺表演讲究过程中的感受；茶礼要遵循一定的礼仪，体现茶文化中的道、儒思想；茶馆盛行，成为宋人社交的重要场所；茶诗丰富多样，不仅赞扬茶的美好，还表达人们对美好生活的热爱和向往。宋代茶文化追求自然、简约、素雅、诗意和意境。综上所述，宋人对"天人合一"观念的运用表现在理学、文学、艺术和生活哲学等多个方面，进一步丰富和发展了这一思想。

三、"天人合一"观念对龙泉青瓷的影响

进入宋代以来，龙泉青瓷在宋代美学的倡导和滋养下，迅速发展和升华，并走向鼎盛。龙泉青瓷所呈现的技艺和风貌，更在践行"天人合一"审美意境中作出绝佳表现，成为中国青瓷的佼佼者。

从选材用材看，青瓷是一种用紫金土、瓷土、长石、石英等天然材料制成的瓷器，这些原料来自大自然的馈赠，极其珍贵。青瓷的特点是釉色青翠，与自然界的绿色景物相协调。在龙泉青瓷的制作和烧制过程中，工匠们尊重并充分利用了这些天然材料，特别是发挥紫金土等材料的特性，通过釉料配比、烧制温度控制等手段，用龙窑烧制后釉面会出现深浅不同、色相各异、光泽不一的青绿系列釉色，具有青绿山水的自然之美。宋代各大青瓷窑系所烧制的青釉系列，如汝窑的"雨过天青"、越窑的"千峰翠色"、耀州窑的"青如翡翠"、龙泉窑的"比德尚玉"等的不同青色风格，体现了宋代工匠对自然的感悟力和创造力。文学家笔下描写的青瓷釉色也丰富多彩，诸如"远山晚翠，浅草初青，晨露滋润的绿叶，春天的嫩芽，一汪碧泉，湖水般清澈宁静，类玉、类冰，得苍天沧海、青山碧水间之万般灵秀……"表达出文学家对这种自然观的内心回应。

从工艺技术看，宋代工艺善于运用天然材料，充分展示材料的质感和自然之美。龙泉青瓷的创作过程包括采集原料、淘洗瓷土、炼制釉料、成型、装饰、修坯、上釉、烧制等多个环节。泥料配制、泥性把握、烧成温度控制、气氛把控、开片控制、胎釉呈色、窑炉搭建等核心技术的形成，都是工匠们通过长期实践，掌握材料的物理、化学变化规律，以及季节气候、地理条件等自然规律，从而形成精湛的技艺以确保青瓷制作过程的顺利进行，并生产出高质量的产品。例如，在青瓷釉料的烧制过程中，釉色会受原料配比和窑火温度及气氛等因素影响，而窑火温度及气氛又可能受气候条件的影响。因此，工匠们需要根据实际情况灵活调整釉料的配比和烧制环境，还要通过控制釉料的厚度和烧制温度，使青瓷呈现出独特的自然肌理和色泽。这些技艺的运用，体现了"天人合一"观念。

从自然题材看，龙泉青瓷善于表现自然景物。例如，古代龙泉青瓷产品中多以山水云海、花草鸟兽等为装饰纹样，就是以自然为题材，表现自然界的美丽和宁静，展示人与自然的和谐关系。宋代青瓷的造型设计注重应物象形，使神似与形似有机结合，做到形神兼备，把自然美和造型美融合在一起，达到完美的意境。青瓷器物通常造型

简洁、线条流畅，符合人体工学原理，使瓷器在使用过程中更加舒适自然。一些青瓷的造型和装饰纹样设计通常以自然景物为灵感，甚至运用了仿生学，设计制作出瓜棱执壶、桃形水注、葵口盘等造型，其素材都是来自大自然，传递出人与自然和谐共生的价值观。

从社会功能看，在"天人合一"观念的观照下，龙泉青瓷塑造了一种以清新淡雅为特点，追求简约、自然之美，使作品充满诗意和生活气息的独特的艺术风格。这种艺术风格的青瓷作品具有较高的艺术价值，提高了人们的生活品位。龙泉青瓷的这种风尚从南宋延续到元、明、清乃至当代。青瓷工艺不断发展，但始终保持着"天人合一"的美学传统。青瓷碗、盘、瓶、杯、壶等日用品在民间广泛使用，而青瓷茶具、香具等则成为文人雅士喜爱的文玩。这些实用功能使青瓷成为连接人与自然、人与人之间的媒介，进一步体现了"天人合一"观念。在继承传统青瓷技艺的基础上，当代青瓷艺术家们还不断探索和创新，将"天人合一"观念与现代审美相结合，创作出更多具有时代特色的青瓷作品。例如，现代青瓷艺术家们通过对釉料、造型、纹理等方面的创新，使青瓷作品呈现出更加丰富多样的艺术效果。此外，青瓷的审美理念和技艺也传播到日本、朝鲜半岛、越南、泰国等国家和地区，对这些国家和地区的陶瓷艺术产生了重要影响。

总之，"天人合一"观念倡导顺应自然、遵循自然规律，而不是盲目地征服和破坏自然，使青瓷成为"天人合一"观念价值实现的重要载体，具有独特的审美意义。《考工记》记载："天有时，地有气，材有美，工有巧，合此四者，然后可以为良。"[1] 龙泉青瓷烧制注重适时性、在地性、自然性、手工性，四者合而为一，实现材质美、装饰美、工艺美的和谐统一，达到材美、工巧、艺精的"巧夺天工""天人合一"的审美境界。在龙泉青瓷创作中，这一观念得到了丰富多样的体现，涵盖了自然材料、自然釉料、造型设计、文化内涵、工艺技术、审美理念、文化传承、艺术风格、社会功能和历史影响等多个方面。龙泉青瓷为人们提供了一种独特的审美意境的体验，使人们在欣赏青瓷艺术的同时思考人与自然的关系，从而提高人们对生态的整体保护意识，为现代社会提供可持续发展的路径。传承和发扬"天人合一"的理念，可以促进陶瓷工艺领域的创新和发展，为人们的生活带来更多美好。

1　闻人军译注 . 考工记 [M]. 修订本 . 上海：上海古籍出版社，2021：4.

第三节 "圆满""中和"的思想体现

中华文化博大精深，源远流长，包含儒家、道家、佛教等哲学流派，涵盖诗歌、书画、茶艺等艺术形式，这些都是深刻烙印在中国人骨子里的，深远地感召着中国人的思想观念和行为方式。瓷器制作属于工艺美术范畴。于此，我们来谈一谈哲学中"圆满""中和"的思想观念对青瓷艺术的影响。

一、"圆满""中和"思想的基本表述

"圆满"一词最早出现于佛教。佛教中的"圆满"是一种至高无上的境界，也是修行者修成正果、彻底觉悟，达到无碍自在的境地。随着佛教在我国的传播和发展，"圆满"一词逐渐被引入儒家、道家等学派。儒家学说倡导"止于至善""中庸之为德""和为贵"等，用"圆满"来形容道德品质高尚、人格完善的人，以及和谐、美好的社会状态。道家学说的"天人合一"则用"圆满"形容顺应自然、无为而治的生活态度，以"炼虚合道"和"圆满法"等方法实现人生的最高境界。因此，"圆满"一词成为一种跨学派的哲学概念。在中华文化演进中，"圆满"理念从宗教、哲学逐渐渗透到艺术和生活中，指向事物在发展过程中达到完美、完整的最佳状态，以及实现最初的目标和意图的达成度，同时也体现了人们对事物完美、和谐、平衡的追求。

"中和"的概念源于《易经》中的八卦。八卦组合形成不同的阴阳变化和事物发展的状态，而"中和"就是指事物发展过程中各种状态的平衡与和谐。"太极生两仪"中的阴阳二元之间相互作用和协调，"天地""乾坤""动静"等事物之间的协调、平衡关系都蕴含了"中和"思想，强调了阴阳对立统一、事物间协调平衡的理念。儒家和道家对"中和"观念进行了不断的发展，分别从道德修养、家庭和谐、国家治理和顺应自然、无为而治、追求身心和谐等角度进行了理论探索，自成体系。

"圆满""中和"虽然分别源于儒、道、佛，但各学派之间相互影响，"圆满""中和"在某种程度上是相辅相成的。从追求目标看，"圆满"是一种终极目标状态，指向目标达成的完美性和所处的和谐统一的状态，关注事物的完美和完整，追求外在的和谐统一和高级的审美境界。而"中和"更多地指向事物在发展过程中要保持的协调、平衡、适度的状态，关注内心的态度和行为，强调道德品质的修养；遵循一定的方法或

原则来保障事物朝圆满方向发展，避免过度、不足或偏颇，使事物保持协调、平衡的状态。同时，两者是相互促进的，在追求"圆满"的过程中，遵循"中和"原则可以使事物更加美好、和谐、完整；而事物达到"圆满"状态后，又能反过来体现"中和"的原则，进一步促进事物的和谐与平衡。

二、"圆满""中和"思想在青瓷艺术中的体现

"圆满""中和"理念是重要的审美原则，在青瓷艺术创作和工艺制作过程中对于形式、结构、材质、色彩、意蕴和风格等起着指导作用，主要体现在以下几个方面。

（一）和谐统一之美

从青瓷艺术最理想的总体状态看，龙泉青瓷无论是在原材料的地域因素与所呈现的地方特色、气候环境条件与烧成火控技术、造型与装饰的协调性、青瓷的制作性与审美性、产品的艺术性与生活性、题材内容与形式表达以及技艺、形式、内容、风格等，还是在原材料特色、工艺技术与审美价值观表达等诸方面都得到了有机结合，达到了平衡、协调和统一。这意味着秩序井然、关系融洽、动态平衡、人与自然和谐共生，龙泉青瓷在这样一种文化生态平衡中不断传承发展。其所形成的冰清玉洁、温润敦厚、谦和内秀、优雅淡定的美好状态，给人以整体的完美之感和审美愉悦。历史上龙泉青瓷的杰出艺术成就达到了中国青瓷的历史巅峰，代表着中国青瓷的审美意境。

（二）均衡稳定之美

均衡之美强调事物各部分和各要素之间的平衡、协调和统一，是一种美学理念。纵观历代龙泉青瓷的产品造型，均衡之美都有其表现，它既是传统成型方式所形成的基本定式，也是匠人们的一种审美追求。均衡之美包括比例、对称、协调、统一等要素，这些要素的合理运用，可以使作品产生一种稳定、和谐之美感。在龙泉青瓷工艺中，均衡之美的运用最为广泛。在造型上，玉壶春瓶、凤耳瓶、贯耳瓶、长颈瓶、葫芦瓶、多管瓶、鬲式炉等古代经典造型，追求对称均衡的理念一目了然。像玉壶春瓶的造型轮廓曲线，在审美上有让人感到增之太过、少之不得的感觉；葫芦瓶的上下结构比例达到最佳的审美心理标准，呈现出永恒的韵律和魅力。在装饰上，也非常讲究空间布局的均衡关系，如装饰图案的空间位置、形状、大小、方向和穿插搭配等方面

都体现出精心的安排，或对称或对比，或疏可走马或密不透风，或有规律延展或错落有致，形式多样，既有绝对的平衡也有相对的均衡。一些辅助性的装饰构件，也都是在对称、平均或者呼应关系中达到均衡统一的审美理念。如贯耳瓶的双耳对称、五管瓶的五管均匀分布、龙虎瓶的龙与虎装饰部件的呼应等都让人感受到一种有序、平衡、安定、和谐的审美体验。

（三）内敛适度之美

青瓷具有一种含蓄、沉静、优雅的美学特征，龙泉青瓷尤其如此，这就是青瓷的内敛适度之美。内敛是拟人化的外在风格表现，适度是为形成内敛气质而采用的方法、原则和尺度，两者相辅相成。龙泉青瓷的内敛适度之美主要表现在以下几个方面。一是釉色的温润美。青瓷属单色釉瓷，以独特的青釉色泽而著称。青色介于绿色和蓝色之间，明亮而不耀眼，清新而不艳丽，伶俐而不张扬，宁静而有活力，呈现出一种内敛、低调、温文尔雅的美丽，给人以宁静、安详、优美的感觉，让人陶醉。龙泉青瓷为了达到这种追求，在釉的配制上进行了"二元配方"，在施釉工艺上改进为"多次施釉"，在釉的烧成上加强"重还原"技术，在釉的成像上呈现"乳浊"状态等，不断探索审美的最佳适度，烧制出以粉青、梅子青为代表的系列釉色，如翠似玉、温润敦厚，形成内敛、含蓄、优雅的东方韵味。二是造型的简约美。龙泉青瓷的造型通常以简洁、流畅为主，非常注重线条的美感。其造型不追求繁复而追求简练，简单却不平白，恰到好处地体现了内敛之美的特点。比如玉壶春瓶的线条非常柔美，但不柔弱，简单的线条中内含张力和活力；梅瓶线条劲挺而不跋扈，威武而不失温和。龙泉青瓷的器型往往给人一种谦和大气、低调含蓄、简约沉静的亲和感。三是装饰的含蓄美。装饰是陶瓷艺术的要素之一，有胎装饰、釉装饰和彩绘装饰等形式。龙泉青瓷是单色釉瓷中的素瓷，在"比德尚玉""天人合一""道法自然"等美学思想影响下，展现出素雅、宁静、含蓄的鲜明个性。历代以来的青瓷产品都强调以青釉本色装饰和胎装饰为主导，胎装饰又以不露胎的装饰为主。装饰手法有划、刻、剔、印、贴等手法，烧成后刻划纹样若隐若现，形成含而不露、华而不丽的高贵典雅之风。

（四）意蕴丰盈之美

青瓷在中国传统文化中具有很高的地位，龙泉青瓷在中国陶瓷史上有着卓越的成就。自南宋至今，龙泉青瓷成为中国青瓷发展的主干，是中华传统文化的典型代表。

经过代代传承的历史积淀，龙泉青瓷处处传递出中国文人的审美情趣和精神追求。龙泉青瓷深受儒、道、佛三家哲学思想的影响，如儒学的"君子比德""中庸之道"、道家的"天人合一""道法自然"、佛家的"圆满""中和"等思想观念深植于青瓷的审美、设计、工艺和生产中，相关图案、文字、故事等也被运用于瓷器的装饰纹样中。如佛教的金刚杵、莲花、"平心"文字等图案；道家的八卦、八仙、葫芦、灵芝等纹样；儒家的"五福"、书籍、龙凤等纹样常被运用到装饰中。中华传统文化的精华融入青瓷艺术之中，就像是藏在青瓷中的教科书，也起到了教化的作用。青瓷造型和纹饰中不仅有以上这些传统的符号，也有山水、花鸟、人物等自然元素和书法、绘画、雕塑等人文元素的大量运用，不仅丰富了题材和表现主题，也丰富了艺术表现形式，使青瓷作品具有较高的艺术价值和观赏价值。龙泉窑因为历经宋、元、明、清直至当代的漫长历史演变，其技术、工艺、审美、风格自然有一定程度的嬗变，这反而更加丰富了其内容和形式，增强了它的文化厚重感。龙泉窑具有官窑民窑、南北瓷窑文化相融合的特点，甚至因产品大量参与"海上丝绸之路"贸易，深受海内外文化交融的影响，使龙泉青瓷文化更具多元性、包容性。龙泉青瓷也因此受到全世界人民的广泛喜爱。

第六章

龙泉青瓷的传承发展

在新中国成立后的国营瓷厂时期，龙泉青瓷开启了一个全面性恢复和规模化生产的"上垟时代"。到21世纪初，随着龙泉青瓷烧制技艺入选国家级首批非物质文化遗产名录和龙泉青瓷传统烧制技艺成功入选人类非物质文化遗产代表作名录（简称"人类非遗"），龙泉青瓷又步入"非遗时代"。龙泉青瓷在技艺传承、人才培养、艺术创新、科技创新、产业发展、文化研究和传播等几方面齐头并进，蓬勃发展，迎来一个新的高峰期。当前龙泉青瓷的传承发展有着良好的传承环境和难得的发展机遇，在"人类非遗"背景下，更需要多维的视角来认识龙泉青瓷传统烧制技艺的价值意义，审视其传承发展的目标任务，明确当代龙泉青瓷应该担当的历史使命。面向"后申遗时期"，要把握好传承与发展的关系，做好精准性保护和再生性发展，实现"非遗"的创造性转化和创新性发展。龙泉青瓷传统烧制技艺以首个人类陶瓷"非遗"项目身份和优势，打造出人类非物质文化遗产传承的典范，再次引领中国青瓷的发展，向21世纪"一带一路"出发。

第一节 🐉 龙泉青瓷传统烧制技艺入选"人类非遗"的意义

龙泉青瓷传统烧制技艺经过历代青瓷艺人1700多年的实践和代代传承，形成了青釉配制、多次施釉、厚釉烧制、开片控制、"半刀泥"刻花等独特技艺，开创了"哥窑"和"弟窑"产品，研制出如翠似玉、冰清玉洁的粉青、梅子青釉色，具有淡雅、含蓄的艺术风格，有着较高的历史价值、艺术价值、科学价值、经济价值和社会价值。龙泉青瓷的产品和技艺背后体现了深层次的东方审美价值取向和特有的中国意境，同时也衍生出与青瓷生产相关的具有民族特色和地方特色的民俗、民间信仰等文化活动，成为既有广泛的民族文化认同度和识别度，又为世界所共享的"非遗"经典。因此，龙泉青瓷传统烧制技艺被列入"人类非遗"，有着重大的意义。（图6-1、图6-2）

图6-1 人类非物质文化遗产标志

图6-2 龙泉青瓷传统烧制技艺入选"人类非遗"证书

图6-3 联合国教科文组织代表卡贝丝参加龙泉青瓷传统烧制技艺入选"人类非遗"庆典活动

在国际层面，龙泉青瓷传统烧制技艺被列入"人类非遗"，彰显了陶瓷文明在人类文明发展中的贡献和地位。众所周知，陶瓷是人类文明的坐标。一部陶瓷史就是一部陶瓷艺术史、工艺史和科技史，它折射出各历史时期的政治、经济、科技、文化等综合情况，是人类创造力的结晶和人类文明的象征。2009年，龙泉青瓷传统烧制技艺成为"人类非遗"传统手工技艺类别中首个陶瓷类项目。它填补了"人类非遗"陶瓷项目的空白，有力地证明陶瓷文明是人类文明的重要组成部分，是国际社会对于陶瓷从远古时期走来并一直推动人类文明发展的强大能动力的肯定，给予其应得的席位。而对于龙泉青瓷来说，千年窑火、精益求精，薪传不息、终成正果，终于上升到国际保护的平台，成为全世界共享的文明成果，从而受到国际社会的广泛认同和普遍关注。（图6-3）

在国家层面，龙泉青瓷传统烧制技艺被列入人类非物质文化遗产代表作名录，是中国文化事业发展中的一件大事，是中华民族的荣耀。龙泉青瓷散发着含蓄谦和、温文尔雅的品格气质，以"比德尚玉"为价值取向、以"天人合一"为审美追求、以"圆满中和"为哲学思想，体现了中华民族特有的思维方式、人文精神和性情志趣，是中华文化的代表性符号。在世界商贸和文化交流史上，龙泉青瓷担当主流产品的角色和文化使者的身份，参与开拓了"海上丝绸之路"。中国瓷器享誉世界，一是我国祖先以勤劳智慧所创造的精湛制瓷技艺的体现；二是在相当程度上取决于它独一无二的胎质釉料以及我国制瓷工匠对原材料的认知和科学运用；三是琳琅满目、丰富多彩的陶瓷种类背后博大精深的五千年中华文化的支撑。龙泉青瓷传统烧制技艺入选"人类非遗"，充分奠定了有史以来中国作为世界陶瓷之国的地位，有助于在世界范围彰显中华文化，同时推动中国青瓷的复兴。

在地方层面，龙泉青瓷传统烧制技艺被列入人类非物质文化遗产代表作名录，是龙泉青瓷发展史上的里程碑，具有划时代的意义。联合国教科文组织代表国际最高文化机构对龙泉青瓷传统烧制技艺成就和传承发展成就的充分肯定，是对中国人民伟大创造力的推崇，也是对该项技艺进一步传承发展的推动。龙泉青瓷获得"人类非遗"的文化身份，进一步唤起当地民众对青瓷文化的认同感和自豪感，提高当地民众对该项技艺保护重要性的认识，有助于在区域范围扩大该项技艺在文化、生活、经济等方面的社会影响力；进一步激发作为传承主体的技艺拥有者对龙泉青瓷传统烧制技艺传承创新的活力，推陈出新，使独特的、典范的、精湛的传统手工艺得以延续和发展；进一步促进作为保护主体的当地政府对该项遗产从文化保护、技艺传承、产业振兴、区域发展等方面进行总体的、顶层的战略定位思考，制定总体的传承发展规划，使之成为独具特色的区域文化品牌，并影响和带动地方经济、社会发展，惠及一方百姓，走向共同富裕；进一步推动世界文明的多元化交流，龙泉青瓷作为具有说服力的反映世界文化多样性的真实的文化标本，为全世界人民提供了欣赏、借鉴和交流的机会。

第二节　"人类非遗"背景下龙泉青瓷的传承保护观念

龙泉青瓷传统烧制技艺的申遗成功是龙泉青瓷文化历史发展中的一个重要节点，它是对龙泉青瓷历史的工艺技术成果和文化价值的肯定和总结；同时也预示着龙泉青瓷的传承发展跨上了一个新的台阶。这可谓世界的认同、历史的担当。面对这样一种历史性的发展契机，我们需要拥有更自信开放的姿态、更良好的传承发展机制和更前瞻的文化经营理念，在《保护非物质文化遗产公约》（简称《公约》）的框架下，用好来之不易的"人类非遗"的认同背景，推动龙泉青瓷的再次振兴，打造"人类非遗"保护传承的世界标杆。

一、转变观念，树立三种意识

（一）责任意识

首先，要认识到"人类非遗"的申报成功只是一个过程，非遗保护传承才是最终目的。当我国将龙泉青瓷传统烧制技艺的非遗项目向联合国教科文组织发起申报的那一刻起，就是向国际社会作出郑重承诺，确保人类优秀的文化财产在一个良好的环境下得以可持续地发展。其次，龙泉青瓷传统烧制技艺被列入"人类非遗"，其荣誉和责任共生共存，作为缔约国要切实履行保护发展的责任和义务。2003 年，联合国教科文组织在保护人类文化多样性的倡议背景下，制定了具有划时代意义的《公约》，是人类非物质文化遗产保护的纲领性文件。《公约》明确了各缔约国相应的保护作用，要求采取必要措施确保本国非遗得到保护，包括建立清单、制定政策、建立机构，开展研究、教育、宣传和能力培养等，确保社区、群体和非政府组织的参与。我国于 2004 年批准加入《公约》，在《公约》框架下切实建立起一个以政府为主导、以行政保护为主、调动全社会资源，形成全民参与、多层次、多渠道、多方式的保护体系，做好保护人类非物质文化遗产的时代答卷，积极为世界非遗保护提供可借鉴的实践范例。

（二）文化意识

龙泉青瓷开创了"哥窑"与"弟窑"的人类陶瓷经典，发明了粉青、梅子青的精美釉色，创新和发展了龙泉青瓷二元配方、多次施釉与素烧、"半刀泥"刻花技艺、开片控制、厚釉烧成技术等高超的制瓷技艺，取得了举世瞩目的成就，在较长的一段历史时期中担当中国瓷器发展的脊梁，引领中国青瓷的发展。龙泉青瓷散发出温文尔雅、超凡脱俗的气质，其强大的内在生命力和感召力源自我国人文精神的有力支撑，凝聚了儒、道、佛的传统文化思想，将中国传统自然观与人文精神高度地统一于一体，体现出典型的东方美学意境。它是中华文化的"活化石"和"DNA"，既彰显着民族文化，又体现了世界文化多样性的深刻意义。它不仅是一门独特技艺，也是蕴含着历史、科技、经济、艺术等多重价值的一座宝库。当代青瓷艺人需要有充分的文化自觉，主动与传统经典对话，延续其崇高的工艺精神；与一方天然山水对话，坚守原真本色；与世界多元文化样式对话，展现具有中华气质的真实活态标本。随着"一带一路"倡议的深入开展，龙泉青瓷文化一定会成为提升区域综合实力的强有力推手和带动地方经济社会发展的引擎，形成强大的文化力。

（三）品牌意识

龙泉青瓷传统烧制技艺是世界文明进步的标本。龙泉青瓷"人类非遗"的国际文化身份就是一张世界级的文化"金名片"。对于龙泉区域文化来说，龙泉青瓷是城市文化形象核心的品牌要素资源。但是要把优质资源转化为具有影响力的品牌需要有不断凝炼的过程，龙泉青瓷文化需要得到更深入的解读和更广泛的传播，需要忠实地传承和不断地创新，需要生产性保护和文化影响力的提升，需要建立在全社会认同的基础上，集全社会力量来共同打造而成。其中政府对青瓷文化品牌的战略主导、职能部门的管理推动、行业协会的自律经营、技艺拥有者的个体创造、社会力量的广泛参与等都是构建文化品牌的重要因素。各方面力量形成合力，打造出既具有个性特征，又有恒久价值的文化品牌，并不断提升它的辐射力和牵引力。

二、树立典范，把持三个特性

（一）保持原真性

在当前一定时期甚至是较长远的将来，保护原真性是龙泉青瓷的首要目标。龙泉青瓷既具有中国瓷器的代表性，又具有独特性。所谓"一方水土养一方人"，特定的自然生态、制瓷原料，特殊的制作工艺、烧成技术，形成了五大独特技艺，造就了龙泉青瓷的独特工艺品格和艺术特征。在非遗产品走向当代文创市场的竞争中，坚持"人无我有、人有我优、人优我特"的特色和优势，是保持核心竞争力的关键。对于龙泉青瓷来说，要接住"地气"，把"比德尚玉"作为青瓷创作的审美价值取向，在产业化、市场化、国际化中保持原有的工艺品格，坚守鲜明的地域特色，秉承传统的核心技艺，产品上承载深层的思想蕴意；在传统原材料取材、工艺流程中的传统手工操作、青瓷烧成的火控技术等方面都要坚持龙泉本土的规范，坚守其个性本色和原有的审美特征，保护龙泉青瓷的原创性。

（二）融入文化性

龙泉青瓷传统烧制技艺不仅呈现了中国青瓷独特的工艺技术和艺术创作水平，同时也代表着世界陶瓷文明成果。这项技艺的传承需要工匠精神，更需要传统文化的植入，还需要当代精神的观照。作为当代青瓷传承人，在运用每一把瓷土时，都必须意识到自己肩负着传承人类文明的使命，应该注意维护龙泉青瓷作为"人类非遗"的文化身份形象，尽可能地扎根传统，领悟青瓷文化精髓；尽可能地包容、接纳世界文化多样性，相互学习、借鉴和交流；尽可能地感悟自然，用心去表达和创造。在作品创作中融入创作思想和哲理，表现出独特而精湛的技艺，呈现完美的釉色，以不竭的创造力来表达东方文化意境。无论作为政府还是行业，在经营推广品牌时，要注重青瓷文化的传播，引导人们以正确的文化价值观进行青瓷创作、鉴赏与收藏，促使青瓷技艺在当今社会健康发展。

（三）把好有序性

随着申遗成功，龙泉青瓷的国际影响力进一步提升，龙泉青瓷文化产业迎来新一轮的发展机遇期。我国非常重视传统手工业的振兴和文化创意产业的发展，有更多企业家、投资者、收藏家、艺术家青睐龙泉青瓷艺术，关注青瓷市场，投资青瓷产业，跨界创作。不可否认，实现龙泉青瓷的经济价值也是促成人们重视非遗保护的动力来源之一，因为发展龙泉青瓷文化产业从根本上是保护传统青瓷技艺的需要，也是满足社会生活和富民的需要，更是区域发展战略的需要。现阶段将青瓷文化的资源优势转化为产业优势，是极其重要、极其复杂的工程，需要精心规划。保护与利用要相辅相成，这一点需要全社会达成共识，但是利用非物质文化遗产所蕴含的文化价值和经济价值来发展文化产业应当遵循一定的"度"，保持某种"特"，产业发展要在严格遵守非遗保护的基本原则上进行。如果在开发利用中过度商业化和功利化，破坏了非物质文化遗产的原真性、活态性、生态性、传承性等特征，偏离了非遗保护所应遵循的真实原则、生态原则、人本原则、发展原则，就会在不同程度上造成对非物质文化遗产的损害，从而危害到文化产业健康、有序发展。

三、"后申遗时期"龙泉青瓷的精准性保护和再生性发展

龙泉青瓷有良好的禀赋优势，也做出了不凡的业绩。进入 21 世纪，世人对龙泉青瓷的认同度和产业发展规模逐渐回归到历史的峰值，龙泉青瓷进入了可持续发展的"非遗时代"。

（一）当前龙泉青瓷传承发展现状

在世界文化多样性保护背景和《公约》的框架下，龙泉青瓷传承发展已走过 15 年迅猛发展的机遇期。当代龙泉青瓷在技艺传承、人才培养、艺术创作、技术创新、产业发展、文化研究和文化传播等方面齐头并进，总体上步入了一个新的发展高峰期。据 2020 年的统计数据，青瓷从业人员现有 2 万余人，青瓷厂家和作坊有 2600 多家，青瓷行业大师云集、新秀辈出，年主营业务收入在 14.14 亿元，龙泉青瓷产业已成为龙泉市的支柱产业。中国陶瓷泰斗张守智先生曾说："当代龙泉成为中国陶瓷行业发展的领头羊。"龙泉青瓷正引领中国青瓷回归中国陶瓷的历史舞台。国际陶艺学会前主席珍妮特·曼斯菲尔德曾赞扬龙泉青瓷的唯美釉色是世界陶瓷的标杆。龙泉青瓷的传承与发展越来越受到世界的关注和认同。对照新时期浙江省提出的高质量发展要求和浙江省打造"重要窗口"的要求，以及在"人类非遗"保护和中华传统手工艺振兴的背景下，审视当代龙泉青瓷的发展，仍存在一些问题，具体表现在以下五个方面：一是新技术、高产能在提升产业效益的同时，也对传统青瓷烧制技艺的保护构成冲击；二是随着非遗产品商业化程度的日益提升，也出现了滥用非遗品牌，市场无序竞争，产品品质粗俗、廉价、低效益的现象，伤害到龙泉青瓷原有的高尚青瓷品格的保护；三是保护方式粗放，缺乏精准度，虽然传承队伍膨胀式发展，但核心技艺研究、保护、开发和利用相对滞后；四是产品缺乏创造力，多数产品只是对传统造型进行简单化复制，缺乏应有的创新意识、创新方法和时代精神；五是国际化短板明显，缺乏国际交流平台，青瓷国际化产品的打造显得力不从心。

（二）国内外对于非遗保护研究的动态

自 21 世纪以来，国外学者已从立法、保护、复兴、产业、开发利用等多角度对非遗保护开展了研究。如日本的荻野昌弘对文化财产的复兴和传统的意义，以及爱川纪子对政策视角下的非遗保护与地方发展，开展了研究；印度的阿米尔·侯赛因

（Aamir Hussain）论述了促进传统工艺的政府政策和计划；英国的约翰·霍金斯（John Howkins）在《创意经济》中提出"文化创意产业"概念；西班牙的圣-克鲁兹（Santa-Cruz）谈到文化遗产与旅游文化的产业融合关系；印度尼西亚的法特玛·拉哈（Fatma Laha）提到传统工艺产权保护；等等。一大批国际专家学者聚焦非遗保护和发展的实践作了许多相关理论研究，值得借鉴。

我国于2004年批准加入《公约》。在非遗保护的概念下，我国的专家学者提出了"生产性保护""原真性保护""文化生态区保护""原产地域保护"等许多非遗保护理论，也有学者从生产性保护实践、非遗与文创产业、数字化保护等方面开展研究。有关"龙泉青瓷传统烧制技艺"的保护，主要在龙泉青瓷保护方式、传承人保护、知识产权保护、数字化保护、文化生态区保护和多种资源综合利用等方面开展了较为深入的研究。

国内外非遗保护研究涉及立法施政、价值研究、本体保护、产业发展、开发利用等多方面。目前的非遗研究逐渐从"热非遗"转入"冷思考"，向深层次、专业性、多元化推进，这是当前非遗保护和研究的整体动态趋势。针对龙泉青瓷当前发展的现状和国内外非遗的研究动向，下文就龙泉青瓷传统烧制技艺在"后申遗时期"高质量发展的当代，如何进一步推进保护、传承和发展作探索性思考。

（三）"后申遗时期"龙泉青瓷的精准性保护

1.构建三大传承保护体系

对于非物质文化遗产而言，保护是根本任务，发展是最终目的。从保护任务方面来说，龙泉青瓷传统烧制技艺的保护要构建三大体系。

一是构建龙泉青瓷文化传承生态保护体系。根据龙泉窑系的文化传承生态特色划定青瓷文化保护对象、保护重点与保护范畴，形成区域化、特色性和互动性的文化生态保护的联合体。文化传承生态主要内容包括：文化存在的生态结构与传承发展状态，文化传统资源与完整的传承方式，文化活态具有的历史价值与地域特色，非物质文化遗产与当地物质生产、人们生活习俗的融合，以及区域性特定的价值观念影响下所形成的当地人长久以来的文化意识。青瓷文化传承生态保护体系需要采取有效措施来维系非物质文化遗产和物质文化遗产之间互为依存的关系，使青瓷技艺本体与自然生态环境、社会人文环境和谐共存，将青瓷文化传承生态关系与人们的生活习俗、生产方式、社会组织、价值意识和民间习俗等相互融合，形成一种活态化的存在关系与共生环境，包括本体保护、自然生态保护和社会生态保护。龙泉青瓷的本体保护要从以下几方面加强：对龙泉青瓷非物质文化遗产的代表性传承人及其民间手工技艺的活态化保护，对一些民间老艺人的工艺绝活需要重点优先保护；青瓷传统技艺和工艺规范、传承场所及古窑址的保护等；青瓷文化资源的普查、整理、认定、立档、建库、保存等工作。自然生态保护即对龙泉青瓷文化赖以发生与发展、存在与传承的自然环境和资源条件进行有序保护，包括瓷土、紫金土等矿产资源，以及遗产点的自然风貌的保护等。社会生态保护即对与青瓷文化相关的具有重要价值的传统文化和地域文化遗存进行整体性保护，包括承载非物质文化遗产内涵有关的文化遗存，与青瓷文化融为一体的民间习俗、民间信仰、民间审美意识及其他相关的非物质文化遗产的保护。

二是构建青瓷文化的政策保障体系。《公约》要求各缔约国采取相应的保护措施，包括采取适当的法律、技术、行政和财政措施[1]，以构建起保护体系。非物质文化遗产保护中有两大主体：一是传承主体，主要是传承人和相关技艺拥有者；二是保护主体，主要是政府及所属管理机构。保护主体主要从外部环境上为传承主体提供支持和保障，其中包括法律、行政、经济、科研和教育等几方面机制形成的合力。[2]其中法律保护机制是传承发展的根本保障，经济上的有关非遗支持政策是传承发展的物质基础，教育科研机制则是可持续传承力的重要支撑。要根据《公约》，以及《中华人民共和国非物质文化遗产法》《关于进一步加强非物质文化遗产保护工作的意见》《国家级非物质文化遗产保护与管理暂行办法》《国家级非物质文化遗产项目代表性传承人认定与管理暂行办法》等，因地制宜地制定龙泉青瓷文化传承生态保护的地方性法规、条例和制度，明确保护主体和传承主体的责任。政府要充分发挥职能，进行长远的保护规划，建立健全保护机制，协调保护和利用等关系，实施科学管理、财物投入、人才培养、场所保障、传播推广等相关计划，确保传承人在良好的环境下进行传承活动。

三是合力构建青瓷文化的社会参与体系。《公约》规定：缔约国在开展非遗保护活动时，应努力确保创造、延续和传承这种遗产的社区、群体，有时是个人的最大限度的参与，并吸收他们积极地参与有关的管理。我国非物质文化遗产保护的工作以"政府主导，社会参与，明确职责，形成合力"为原则。政府的主导性保护不是唱独角戏，而是要发动社会力量的广泛参与，形成整体性的社会保护合力。要充分调动学术界、各级教育机构、新闻媒体、社会资金、行业协会等社会力量在非遗保护和研究中的积极

1　曹莉莉. 非物质文化遗产开发利用的产权问题及其治理研究：以"南京云锦"为例 [D]. 南京：南京师范大学，2019.
2　单丽琼，刘昭. 新形势下政府在"非遗"保护中的职能作用探究 [J]. 中国市场，2016（24）：200.

作用，创建保护工作的联动机制，形成全社会自发和自觉的保护氛围，由一元发展到多方共赢，力求形成多元化的保护格局。[1]发挥科研机构和高校在龙泉青瓷历史文化研究、青瓷材料研究、青瓷人才培养、青瓷文化传播等方面的积极作用；发挥中小学在素质教育、传统知识教育和手工美学教育方面的作用；发挥青瓷行业协会的自律性行业管理对传承发展的作用。创建国家和省部级科研创新平台，地方政府与高校、财团、企业联合形成联动机制，其中民间资本的作用发挥、高等教育的科研转化和研究学者的影响推动，形成强大的协同策动力。同时，还要通过电视、广播、网络、报纸、书刊、学术会议、环境装置等媒介建立及时、顺畅、广泛的传播机制，提高全社会对龙泉青瓷文化保护的自觉意识，促进广泛交流，推动多元文化融合、对话与碰撞，促进龙泉青瓷文化与世界共享。

2. "四个维度"促进精准性保护

面对过度产业化和高新技术对非遗所带来的冲击，守护龙泉青瓷的非遗特色，要从以下四个方面着手加强研究和保护。

（1）工艺规范性保护

龙泉青瓷的工艺规范是古代青瓷艺人在长期实践经验基础上形成的一种惯用范式，凝聚了前人的智慧。龙泉青瓷工艺包括原料加工、成型方式、纹样装饰、施釉工艺、烧成技术等整个工序流程。艺人们在生产过程中形成了严格的工序制度和操作规范，这些是确保产品成品率和品质的重要技术保障。对现代龙泉青瓷非遗产品来说，行业协会要通过建立行业行规的自律化管理制度，督导青瓷艺人自觉遵守优秀的传统工艺流程和操作规范，避免急功近利和粗制滥造；同时，有必要建立非遗产品的规范标准和认证管理机构，通过工艺规范标准认证促进非遗产品的原生性生产，引导手工操作的规范性，保证产品的质量。

（2）品格原真性保护

人们对龙泉青瓷的非遗认同，不仅是因其具有青釉配制、多次施釉、厚釉烧成、开片控制和"半刀泥"刻花等独特的技艺，以及在该技术下生产出来的产品所具有的优秀品格，还因为技艺和产品背后的传统高尚人文情怀的观照。龙泉青瓷以"比德尚玉"为核心审美价值取向[2]，追求"天人合一""道法自然"的艺术境界，饱含"圆满中和"的

1 石兴泽.以社会力量推动非物质文化遗产保护与传承——张兆林《非物质文化遗产保护领域社会力量研究》评介 [J].山东理工大学学报（社会科学版），2017，33（3）：110.
2 龙泉市博物馆.比德尚玉：龙泉青瓷博物馆馆藏精品图录 [M].杭州：西泠印社出版社，2014：2.

哲学思想，并把精益求精的"工匠精神"融合到高级的审美中，形成龙泉青瓷含蓄谦和、温润如玉的君子气质，这样高级的工艺品格是技术和艺术的结晶，是龙泉青瓷非遗产品认同度的标志性因素。要保持龙泉青瓷品格的原真性，就要通过制定相应的技术标准尺度和审美导向，倡导原产地保护和原真品格保护，重视技术上、艺术上和审美思想上的关联性。

（3）技艺群体纯真性保护

传承人是维系非遗传统根脉，是激发人类创造智慧的能动因素。老一辈的非遗传承人往往身怀绝技、深谙艺理、德行高尚，他们一生坚守着传统手艺，具有典型的代表性。但宽松的认定门槛、传承人队伍的膨胀式发展，影响到当代传承人的"代表性"和骨子里的"工匠"气息。"传承人"的身份不应成为追逐名利的门卡，保持传承人队伍的纯真性至关重要，需要进一步厘清龙泉青瓷技艺群体的结构，综合考虑传承人的谱系渊源、技艺类别、技艺特征、传承方式、业界影响和职业道德操守等相关因素，建立起严格的评定标准和完善的管理机制。传承人的认定需更加严格而精准，责任和义务更加明确，考核更加规范。传承人可按龙泉青瓷传统烧制技艺分类设立席位，以激励不同技艺特长的技艺拥有者更好地发挥自己的创造力。可以通过"作坊传习制"来引导年轻从艺者走进老一辈传承人作坊，从学徒做起，踏踏实实学手艺。职能管理部门要针对性地加强精细化保护管理，保持非遗传承人队伍的民间性、脉络性、纯真性。

（4）瓷土原生性保护

一定的物候环境影响一定地域性的文化性格。对龙泉青瓷而言，瓷土、紫金土等为不可再生资源，是形成工艺品格的自然条件与关键基因；保持本土原料的烧成品相和特征也是鉴定其原真性和质量品格的核心要素。历史上龙泉当地生产的粉青、梅子青釉色达到了如翠似玉的品质，被誉为人工制造的美玉；哥窑产品薄胎厚釉，黑胎开片，技艺精湛，被列为宋代五大名窑。龙泉青瓷的品质和价值之所以能得到世人的认同，一定程度上有赖于龙泉当地独特的瓷土资源，否则，即使能工巧匠，也会"难为无米之炊"。瓷土资源的保护管理和开发利用对于青瓷产业链的构建及原有品质风格的保持是一个关键性的课题，包括开采计划、提炼技术、标准化认定等。瓷土矿开采要遵循有序化、规范化、标准化、法治化原则，确保龙泉的瓷土矿产资源得到完整性、原生性、长久性和有效性保护。（图6-4）

图 6-4　龙泉青瓷传统原料加工

（四）"后申遗时期"龙泉青瓷的再生性发展

1. 激发青瓷创造力

保护世界文化多样性的人类文明成果，进一步地激发人类的创造智慧，是推动文明发展的源泉和驱动力。龙泉青瓷扎根于中华民族文化的母体，是经过人民长期实践，在技术和艺术的交融中，不断地认识自然、利用自然、感悟自然和创造自然的结果。龙泉青瓷延绵的发展历史、庞大的窑业系统，充分见证了龙泉青瓷艺人代代传承和革新创造的不懈动力。

历史虽然远去，技艺仍旧延续，生活需要常新。古老的技艺如何存活于当下，服务于生活，创造出时尚，是当前传承保护的重大课题。当今国际社会已形成共识，将世界缤纷多彩的多样性文化作为人类的创造力和精神财富加以重视和保护。但不能把文化多样性视为一种一成不变的遗产，而应将其视为保障人类生存的一种进程。[1]当前，我国从国家文化战略高度提出要推动中华优秀传统文化创造性转化、创新性发展，这为当前非物质文化遗产传承发展指明了方向。

文化流变性是恒常存在方式，然而重复过去，一味地复制传统是没有出路的。新时代科学技术的井喷、新生活的丰富多彩、新学术的百家齐放、新创意的业态呈现、新领域的跨界融合、文化多样性的合作交流等，带来了许多新气象。在这样的背景下，龙泉青瓷的创造性转化和创新性发展，是必然的时代主题。当然，它是在延续历史发

1　联合国教科文组织. 世界文化多样性宣言 [EB/OL].（2001−11−02）[2021−03−06]. https://www.un.org/zh/documents/treaty/UNESCO−2000.

展链，不舍去青瓷文化基因的前提下，充满文化自信的承传、嬗变、融合和创新。

在现代技术条件和审美多元化发展的状态下，适度地对传统技艺进行工艺革新与艺术创新是必然的，但是要在保持"度"和"特"的前提下，实现传统青瓷技艺的现代表现和现代文创产品的非遗承载。（图6-5、图6-6）

图6-5　卢伟孙《冬的思绪》　　　　　　　图6-6　王婷《青竹系列·戏球》

关于青瓷艺术表现力拓展，以下几种方法和路径可作为青瓷精准传承和再生创造的参考。

（1）内涵式转化路径

青瓷非遗产品的传承和再造，紧紧依托龙泉青瓷的历史文化背景，充分挖掘传统技艺及其文化内涵，不仅仅停留在技艺层面，还应将传统哲学、文学、艺术等元素融入作品创作中。内涵式转化有助于提升青瓷创作的文化价值和艺术深度，增强作品的感染力。

（2）材料创新路径

总结和研究传统材料，开发新的制瓷材料，以增强青瓷的材料性能，为青瓷的艺术表现力提供材料技术应用的更多可能手段。通过掺杂不同的矿物质，改良或创新陶瓷配方等进行技术攻关，在不改变基本特色的前提下，创造出不同色泽、质感和透明度的青瓷。比如"强化瓷"就通过材料创新，改变胎的配方，增强坯的硬度，增强适用性能。

（3）工艺技术革新路径

运用现代化、数字化、智能化等科技手段，在青瓷造型上、装饰工艺上、制作的灵活性上进行工艺技术改良和突破，实现传统与当代相融合，艺术设计与新技术应用相结合，以便提高生产效率，同时增强青瓷产品的物理性能和艺术表现力。

（4）装饰手法创新路径

在保持龙泉青瓷传统装饰特色的基础上，在装饰题材的时代性、纹样设计的时尚性、装饰技法的新颖性方面，探索出新的装饰手法。如结合抽象艺术、观念艺术、极简主义、数字艺术等探索新装饰形式，增强青瓷作品的时尚感和艺术魅力。

（5）多元融合的创新路径

鼓励龙泉青瓷艺人与当代艺术家、设计师进行跨领域合作，通过加强交流、互动，碰撞艺术火花，激发新的创作灵感，多领域、多种艺术元素融合出新。比如青瓷饰品、青瓷装置、青瓷壁画、青瓷卡通、青瓷伴手礼、青瓷养生器具等都可以进行尝试。

（6）数字化设计应用路径

利用3D打印、激光雕刻、虚拟现实（VR）、人工智能（AI）等当代数字媒体技术，探索青瓷艺术的新表达形式。通过3D打印技术可以实现复杂的几何造型；利用VR技术则可以创建沉浸式的青瓷艺术体验；利用AI技术可以体验人机交互的设计空间。

（7）国际表达创新路径

在全球化、现代化、信息化的时代，青瓷艺术家有必要广泛参与国际艺术展览、交流活动，与其他国家和地区进行合作，吸收外来艺术元素，找到龙泉青瓷新的创作语言，创造出具有国际视野、国际语境的青瓷艺术作品，作出中国青瓷的国际表达。

上述方法和路径，有助于拓展龙泉青瓷艺术的表现力，使其在保留传统精髓的同时，焕发新的生命力，吸引更多人参与和欣赏，进而增强龙泉青瓷传统烧制技艺传承活力和在当代的表现力。

2. 扩大品牌影响力

对于龙泉青瓷的发展而言，"人类非遗"身份是一个划时代的标志，标志着龙泉青瓷文化受到了国际性的遗产认同，获得了综合性的价值发现，迎来了历史性的发展机遇，龙泉青瓷文化昂然跨进"人类非遗"的品牌时代。当然，具有标志性意义的还有入选世界文化遗产预备名录的"海上丝绸之路·中国史迹的遗产点"，以及获得"国家级非物质文化遗产""地理标志证明商标""中国陶瓷历史文化名城""中国青瓷之都"等一系列荣誉，每一项都是被国内外权威机构认定的令人震撼的荣誉，是龙泉宝贵的无形财产和区域文化品牌的重要资源，这就为青瓷产品文化附加值提升和区域综合竞争力提升提供了动力源泉。

一要树立充分的文化自信，在"人类非遗"传承发展的背景下定位高、谋略远。穿越时空，比对宋元青瓷；跨越重洋，对话全人类文化艺术，续写"21世纪海上丝绸之路"新篇章。

二要全面梳理总结龙泉青瓷的历史价值、科学价值、艺术价值与经济价值，提炼技艺内在的审美取向、品格追求、价值意义等，以此来倡导青瓷艺术创作和青瓷文化品牌建设，从愿景、精神、情感、价值观和目标等方面综合构建起龙泉青瓷文化品牌。

三要建立青瓷文化品牌体系。青瓷文化品牌体系包括青瓷公共性文化品牌和系列化商业性品牌。公共性文化品牌具有地域性和整体性的"共有、共建、共享"特点。如"安溪铁观音"区域品牌曾在2015年中国品牌价值评价中列全国茶叶类首位，其高价值得益于当地政府长期的支持。龙泉青瓷历史悠久，国际影响深远。在宋、元、明时期，它是我国对外商贸的主流产品。在当代，其价值还有待进一步发掘、提炼和再塑造，实现从文化价值到品牌的转化，形成一个具备独特个性、高识别度、高附加值的品牌。要在龙泉青瓷文化品牌理念的观照下，打造系列化商业性品牌，以期推动青瓷产品的生产流通和宣传推广。（图6-7、图6-8）

图6-7　"不灭窑火"龙泉青瓷传统龙窑烧制技艺活动

图6-8　区域性文创品牌"倾青饰界"·周晓峰设计

四要建立品牌管理机制，明晰政府、管理部门、社区、行业、企业、传承人等相关组织机构、群体及个人的责任和义务，比如制定管理机构的职责、行业行规、传承人的责任义务、社会力量参与制度、行业标准、传承规范、非遗产品认证办法等，促进各方自觉地参与到龙泉青瓷品牌建设、维护和发展的实践中。

五要多元化构建青瓷文化传播机制，利用现代社会的信息化、网络化特征，多渠道、多形式、多角度地扩大龙泉青瓷文化的社会影响力。在品牌理念构建和内涵表达上要高度概括龙泉青瓷文化的特征与品牌精神内核，深入挖掘所蕴含的思想内涵情感，建立青瓷文化的识别和传达系统，做出传统文化的当代表达和国际表达；在品牌的推广活动、商业空间、城市环境、公益广告、传播媒体、企业刊物、市场营销活动中进行综合性应用；通过建立全员培训、展销会、论坛、研究会、文化交流等机制，在公共文化传播、技能培训、学术交流、非遗研学、旅游宣传等方面实现社会性的传播，增强全社会对青瓷文化的认同感，形成全民参与宣传的氛围。

六要持续和创新。品牌建设不仅需要不断地反复和积累，同时也离不开创新。龙泉青瓷从古代流传海外的"雪拉同"故事到当今"人类非遗"申报成功，是积累，是延续，是转变，是创新，是发展，也是历史和时代的选择。所谓"苟日新、日日新、又日新"[1]。龙泉青瓷品牌的造就是一个持续、恒久、创新的过程，品牌建设永远在路上。

3. 提升产业竞争力

龙泉青瓷传统手工艺行业在历史上曾有瓷窑林立、烟火相望的盛景，成为宋、元、明时期我国的重要经济行业。如今，政府对龙泉青瓷传统烧制技艺的保护，可以为技艺相关者及群众提供更多的择业机会，成为促进经济社会发展新的增长点。2017 年，国家出台《中国传统工艺振兴计划》。传统工艺振兴可以作为促进就业增收的手段，以此带动当地的经济社会发展和增加城乡居民收入，无论从非遗保护角度还是从传统手工艺振兴角度都起到了积极的推动作用。结合现代生活时尚，实现传统手工艺和非遗文化品牌的再生性开发和持续发展，释放传统文化产业的巨大文化价值和商业价值[2]，已成为非遗传承发展的时代命题。

一是适应当代青瓷产业特点，适度进行产业结构调整。一方面要坚持以家庭手工作坊、传统青瓷工坊、大师工作室和青瓷创意工作室为主体组成集群，进行以手工性、小批量、品质化、艺术化为特色的青瓷作品生产；另一方面要适度扩大大中型青瓷企业、公司、厂家以规模化、标准化、机械化、智能化、产业化等为特色的现代日用瓷和包装用瓷生产。构建由原料生产、材料研发、装备制造、创意设计、创作生产、产品包装、网络营销、文化传播等组成的完整产业链。建成以青瓷大师为主体的青瓷文化创意基地；以新生代青瓷创业者为主体的青瓷产业孵化基地；以产、销、旅、购为一体的青瓷园区；以特色小镇为载体的"中国青瓷小镇"；以青瓷历史文化展示教育为主题的"国家级考古遗址公园"；以龙窑烧制为非遗活态化传承方式的仿古瓷生产基地等。建成仿古瓷、艺术瓷、日用瓷、包装瓷、陈设瓷等多元化的系列产品结构，实行艺术

---

1 王夫之. 读四书大全说（上册）[M]. 上海：中华书局，1975：14.
2 马小明，周晓丽，黄春荣. "却西德哇"古老游戏文化遗产保护与开发的可持续性研究 [J]. 青藏高原论坛，2018（4）：96.

瓷生产和产业瓷发展"两条腿"走路，实现艺术瓷生活化、生活用瓷艺术化，从而实现青瓷产业结构优化，与资源供给结构、技术结构、需求结构相适应，在开放的战略布局中实现可持续性发展，形成当代龙泉青瓷产业发展的新格局。

二是在当代技术背景下，加强技术运用和文创产品研发。陶瓷科技是陶瓷发展的强大推动力，当代技术催生出陶瓷多元创新发展方向。如传统陶瓷在立足传统文脉的基础上，对原材料和工艺进行改良、对传统装饰纹样进行提取、重组和新构，创出古味新风。加强青瓷新材料的研究，在保持青瓷特色的前提下拓展青瓷发展的新路径，在建筑陶瓷、工业陶瓷、日用陶瓷、生物陶瓷与特种陶瓷等领域寻求突破，提升附加值。运用 3D 建模和打印技术进行造型，利用激光雕刻技术进行雕塑或装饰。智能化、数字化、激光设备等先进技术，为产品设计、形体造型、纹样处理、产品烧成的稳定性等方面带来了新的活力。新技术的运用是当代非遗传承发展中必然的选题，用之得当可以别开生面，迸发出新的工艺技术和新的艺术样式。但是需要注意的是，在运用新技术的同时，要充分考虑青瓷产品的非遗属性，即新材料的运用不能完全摈弃当地的原生材料；智能化和数字化技术不要完全代替人的手工技能；产品的审美价值取向不能脱离传统的审美情感，要保持原有的品格风貌。

三是不断拓展产业链。探索"非遗 +"发展模式，激发非遗的传承创新活力。促进"非遗 + 数字化""非遗 + 文旅""非遗 + 会展""非遗 + 教育""非遗 + 研学""非遗 + 文创""非遗 + 互联网""非遗 + 峰会""非遗 + 金融"等领域的跨界融合，开创青瓷文化产业新的发展空间，衍生新产品，培育新的经济增长点。（图 6-9 ～图 6-11）

图 6-9　采用 3D 打印技术制作的青瓷产品·金宏瓷厂

图 6-10 浙江青瓷和日用产品质量检验中心

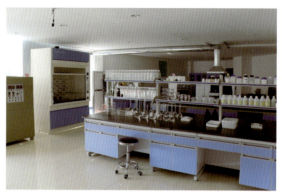
图 6-11 金宏瓷业陶瓷材料实验室

4. 增强人才支撑力

人既是创造文化的主体，也是传承文化的载体。[1] 龙泉青瓷未来的可持续发展需要一支有文化、高素质、专业化、懂技术的创新型人才队伍来支撑，要构建起一套由传统学徒制方式、现代正规化教育方式、社会人力资源培训方式相结合的"三轨制"非遗文创人才培养体系。传统学徒制主要是以民间传统的家族传承方式、师徒传承方式，以父传子、师傅带徒弟的形式培养传承人，培养方式有较强的在地性、民间性和传统性，但也存在数量少、封闭性、单一性、分散性、周期长等特点，具有一定的局限性。社会人力资源培训主要由社会人力资源组织，在非遗、工艺美术及其他传统文化等领域，举办专业性、高端性或普及性的短期培训，形式比较灵活，但周期短、系统性不强。当代非遗进高校是传统非遗人才培养的一个很好的新选项。高校教育有教学、科研、人才、服务等优势，有专业化、现代化、系统化和开放式的专业教育模式，能够突破传统非遗传承方式零散、单一、封闭等缺陷，使非遗从民间传承走进高等教育，从民间作坊走向高等学府。地方高校正成为培养高素质的具有创新创业能力的应用型创新人才的摇篮。

一些高等院校积极探索"特色办学"的新模式，将非遗传承发展与现代高等教育体系进行深度融合，创立了"非遗学院"之类的教育机构，服务于地方发展的需求，达到双方共赢。如丽水学院成立的中国青瓷学院，创建了浙江省龙泉青瓷协同创新中心和浙江省非物质文化遗产研究基地。当地政府通过与龙泉市合作共建青瓷学院，按高层次、小批量的培养方式，培养出既具有扎实传统技艺功底又具有文化艺术创新理念，

---

1 黄斌，郭庆林，张祥刚. 黔西南州传统村落保护与发展的现代思考——以册亨县丫他镇板万村为例 [J]. 兴义民族师范学院学报，2019（6）：22.

既有传承青瓷文化的情怀又有善于融合创新的能力，并能服务地方青瓷产业的应用型人才。高校与地方构建起政、产、学、研、用的合作机制，为龙泉青瓷行业应用型特色人才培养作出积极而有意义的探索，实现资源共享、师资互动，发挥科学研究、人才培养、社会服务、文化引领等协同创新作用。（图6-12～图6-15）

图6-12　丽水学院与龙泉市共建中国青瓷学院　　　图6-13　国家艺术基金龙泉青瓷艺术创新人才培养培训班

图6-14　龙泉市中等职业学校举办"不灭窑火"传承活动　　　图6-15　龙泉市中等职业学校开展研学活动

5. 提高国际传播力

古代龙泉青瓷窑业发展的鼎盛期与"海上丝绸之路"的鼎盛期基本一致，龙泉青瓷在宋、元时期及明代早中期无论窑业规模，还是产品的产量和质量，同一时期的国内其他窑系都难以望其项背。宋代以来我国更加注重海外贸易，无论是宋朝的"商贾懋迁""市舶之利，颇助国用"，还是明朝的"赍币往赍之，所以宣德化而柔远人也"，陶瓷文化产品都是作为经济贸易、朝贡贸易和文化输出的重要载体，源源不断地流传到世界各地。古代龙泉青瓷产品作为我国对外贸易的主流商品参与了"海上丝绸之路"的开拓，这可从20世纪以来的水下考古、海丝沿线遗址考古的发现以及海外各国的博物馆收藏品中得到印证，龙泉青瓷产业在古代就已经是国际化程度很高的一个招牌产业，其产品成为对外商贸的主流商品，青瓷文化也成为极具代表性的中华文化符号。

在信息化时代，世界经济文化越来越呈现出全球化的特征。人类多元文化之间相互尊重、相互欣赏、相互促进，推动着人类文明的共同进步。当代龙泉青瓷正逐渐走向中兴，面对开放竞争的国际环境，龙泉青瓷比任何时候都更加渴望国际化，比任何时候都需要让青瓷文化"走出去"，这也是"人类非遗"龙泉青瓷传统烧制技艺传承发展和弘扬振兴的必然要求。

青瓷文化"走出去"，首先要创新有利于文化"走出去"的机制，构建基于国际合作从政府到民间全方位的互动合作机制，并不断完善文化产业政策，运用财税、金融等手段支持对外文化产业发展。[1]国际化需要整合国内外各种外交资源，形成多方参与的方式，开展国际协同，发挥政府机构、跨国企业、民间资本、高等院校、行业协会组织等的作用，形成多边、多层次、多领域跨界合作的共同体。搭建文化、教育、学术和经济交流活动的平台，疏通合作交流渠道，形成政府机构、文化企业、高校及学术组织、各类民间团体共同参与的局面。其次要形成"走出去"和"引进来"的双向互动循环。国际化不是无差异的标准化，不是个性化的消融，而是越具民族性就越具世界性。各具特色的文化是人类在长期审美实践中积累的智慧结晶和宝贵财富，需要充分的相互理解和尊重。国际化是文化交流与经济贸易共存的形态，它不是一厢情愿的一方单行，而是在互动、交往中获得互利共赢。在加强国际化时，要改变单向传播方式，形成双向互动的合作格局。实施青瓷文化"走出去"的国际化战略要讲究效益，不能"走过场"；也不能仅是唯展览、唯外宣的短期性的活动形式，要改变这种单纯外宣的非市场方式，在双向互动中建立起长效机制，最终落实到具体的活动及合作的项目中，在合作中获得互鉴、共享、共赢。21世纪以来，龙泉市政府整合各方面力量开展了一系列有声有色的文化活动，如"世界青瓷大会""龙泉青瓷文化旅游节""天下龙泉""国际青瓷邀请展"等；与韩国康津郡建立国际姐妹城市关系，在中日韩青瓷窑区建立展览活动机制；丽水学院与泰国东方大学孔子学院在泰国建立中国青瓷文化学堂等等。地方政府、行业组织与高校、科研机构、媒体机构等协同开展了许多国际交流与合作，联动世界陶瓷，使龙泉青瓷在国际化的道路上迈开了脚步。（图6-16～图6-21）

1　王巨新. 推动中华文化走向世界 [J]. 法制与经济，2010（1）: 138.

图 6-16 2010 年中国意境·人类非遗龙泉青瓷巴黎展

图 6-17 2016 年印象中国风·龙泉青瓷巴黎展

图 6-18 国际陶艺家参加龙泉宝溪烧龙窑活动

图 6-19 龙泉青瓷博物馆与波兰弗罗茨瓦夫
美术学院签订合作协议

图 6-20 与泰国东方大学孔子学院共建中国青瓷文化学堂

图 6-21 与泰国东方大学共同举办中泰陶瓷
（青瓷）文化交流暨艺术展

　　综上所述，龙泉青瓷加强非遗精准性保护和再生性发展，有助于人们深刻地认识和准确地把握龙泉青瓷传统烧制技艺的"核心技艺"内涵，增强非遗保护的自觉性和传承的有效性；有助于指导非遗保护实践主体在现代文化产业发展中建立正确的传承发展观念，既不偏离非遗保护的原则和规律，又提供一种龙泉青瓷在"人类非遗"保护和中国传统工艺振兴背景下可持续发展的方案；也有助于打造中华文化传播的展示窗口，为人类非遗保护提供一个优秀的履约案例和传承发展典范。

后　记

　　我是一个土生土长的龙泉人，从小就受到龙泉青瓷、龙泉宝剑文化的熏陶，对青瓷文化研究情有独钟。我曾在龙泉市文化和广电旅游体育局分管非遗、文物和群众文化工作十多年，并有幸负责龙泉青瓷传统烧制技艺项目申报人类非物质文化遗产代表作名录。在"后申遗时期"，如何保护好、传承好、发展好龙泉青瓷文化这一时代课题，一直在我心里萦绕。

　　调入丽水学院中国青瓷学院后，我先后主持浙江省2011龙泉青瓷协同创新中心和浙江省非物质文化遗产研究基地工作，有机会也有责任对龙泉青瓷文化作更深层次、多角度、多领域的实践和思考，并负责撰写《龙泉青瓷文化概论》校级特色教材工作。

　　中国青瓷学院既依托青瓷文化特色而建立，又以青瓷文化传承、青瓷人才培养、科学研究和创新推动回馈区域发展，对于非物质文化遗产的传承发展起到了巨大的推动作用，是非物质文化遗产实质性进入高校全民教育体系的一个样板。

但是目前专业性、系统性、理论性的青瓷教材非常缺乏，不能满足学科建设、专业教学的需求，也不能满足非物质文化遗产高质量发展的需求。为此，我有了着手撰写此书的念头。本书的撰写具有一定的探索性和挑战性，我凭着对家乡的诚挚情怀和对非遗传承发展的使命感和责任感，尽自己的学识积淀和经验积累，斗胆以"龙泉青瓷文化概论"为名来写。本书从龙泉青瓷概念理解、历史文脉梳理、工艺特点介绍、技艺独特性论述、地位和影响力阐述、青瓷美学探讨、传承发展思考等视角，对龙泉青瓷文化及其传承发展进行了全面、深入、系统的阐述。

本书的撰写得到了复旦大学沈岳明教授和浙江大学周少华教授的指导，沈岳明教授还欣然为本书作序。撰写过程中裘晓翔、周莉、王卉、刘莹、沈子珍等同志为收集整理相关资料作出了贡献；同时，本书还得到了中国青瓷学院季忠苑、李德胜等教授的支持。在此一并表示衷心的感谢。

本书完成之时，正值龙泉青瓷传统烧制技艺项目向联合国教科文组织作第三次履约报告，也算为"人类非遗"龙泉青瓷传统烧制技艺的传承发展尽了自己的一份微薄之力。

龙泉青瓷博大精深，青瓷文化研究和青瓷学科建设更非一日之功。我的学术水平有限、学识浅薄，著书立说对我来说也是勉为其难，书中的错漏也在所难免，敬请读者对本书进行批评、指正。

周晓峰
2024 年 9 月